内部审计管理

NEIBU SHENJI GUANLI

王宝庆　著

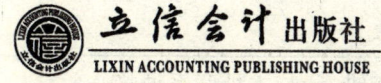

立信会计出版社

LIXIN ACCOUNTING PUBLISHING HOUSE

图书在版编目(CIP)数据

内部审计管理/王宝庆著. —上海：立信会计出版
社,2012.1
ISBN 978 - 7 - 5429 - 3145 - 0

Ⅰ.①内… Ⅱ.①王… Ⅲ.①内部审计
Ⅳ.①F239.45

中国版本图书馆 CIP 数据核字(2012)第 002457 号

责任编辑　　洪梅春　熊梦立
封面设计　　周崇文

内部审计管理

出版发行	立信会计出版社			
地　　址	上海市中山西路 2230 号	邮政编码	200235	
电　　话	(021)64411389	传　　真	(021)64411325	
网　　址	www. lixinaph. com	电子邮箱	lxaph@sh163. net	
网上书店	www. shlx. net	电　　话	(021)64411071	
经　　销	各地新华书店			
印　　刷	常熟市梅李印刷有限公司			
开　　本	787 毫米×960 毫米	1/16		
印　　张	16.25	插　　页	1	
字　　数	210 千字			
版　　次	2012 年 1 月第 1 版			
印　　次	2015 年 1 月第 3 次			
印　　数	5 201—7 300			
书　　号	ISBN 978 - 7 - 5429 - 3145 - 0/F			
定　　价	32.00 元			

如有印订差错,请与本社联系调换

序　言

　　提到管理,大家可能会立即想到是一系列程序、方法与措施,一组制度和规范。以这种思维推导内部审计管理,得出的结论也不会有更多的例外和意外。业界人士普遍认为,内部审计管理是指内部审计机构为了保证其更好地履行职责,提高审计工作效率,保证审计质量而采取的一系列措施、程序与方法。

　　进入 21 世纪,随着内部审计增值目标的确立,风险管理审计、内部控制审计和治理程序审计的蓬勃兴起,传统的以查错纠弊为主导的内部审计模式已被打破,原有的内部审计管理体系面临极大的挑战,组织中的内部审计机构和内部审计人员也在积极地寻找与之相适应的管理模式、管理程序和管理方法。但现有文献表明,国内针对审计管理的研究很少,尤其是专门研究内部审计管理的文献,更是微乎其微。

　　对应现代内部审计理论与实践,国际内部审计师协会 2010 年颁布了《国际内部审计专业实务框架》(IPPF),其对内部审计管理的定义是:首席审计执行官必须有效地管理内部审计活动,确保为组织增加价值。内部审计活动符合下列情况时,属于得到了有效的管理:① 内部审计部门的工作结果达到了内部审计章程所规定的目的和责任;② 内部审计活动遵循了"内部审计定义"和"内部审计标准";③ 内部审计人员遵循了"职业道德规范"和"内部审计标准"。

　　浙江工商大学王宝庆教授新作《内部审计管理》，以先进的内部审计理论为指导，紧密结合《国际内部审计专业实务框架》，基于审计主体视角，充分运用管理学知识，从内部审计机构管理、内部审计活动管理和内部审计人员管理三个主要方面，全面系统地阐释了内部审计管理模式、管理程序与管理方法，并将之嵌入到内部审计流程之中，与审计技术、审计内容和审计实务紧密结合，突出了内部审计管理的柔性和适应性。

　　本书紧扣主题，融理论性和实践性于一体，视角新、观点新。王宝庆教授通过调研、访谈等多种方式，获取了第一手信息和资料，针对国家机关、事业单位、金融机构和企业的不同组织形式，对内部审计管理理论进行分类研究，其学术观点具有前瞻性和适用性。

　　作为王宝庆教授的同行与朋友，真诚地希望本书早日面世，并能够达到预期目标，实现学术研究价值，更好地发挥指导实践功能，让更多读者受益！

南京审计学院副院长，教授，研究生导师
国际内部审计师协会（IIA）学术研究与基金托管委员会理事
中国内部审计协会副秘书长
中国内部审计协会准则委员会副主任
中国内部审计协会内部审计发展研究中心副主任

时　现

2011 年 9 月 20 日

目　录

基 本 定 位

流 程 与 方 法

应 用 领 域

理 论 研 究

基本定位

第一章　审计基本理念

无论是专业审计人员，还是非专业审计人员，对待内部审计都应该有一个正确的认识。专业审计人员不仅要对审计工作本身有一个正确全面的认识，同时还要对审计职业的性质和对自己的要求方面也应该有一个清醒的认识。非专业审计人员对审计的看法，不能以偏概全，更不能过于偏激，要正确认识审计的本质。

一、内部审计基本认识

内部审计不是简单的查账工作，更不是故意挑毛病、找差错。内部审计是组织内部管理的重要组成部分，是现代组织"由内而外的保养"过程，是防范舞弊、降低风险、加强管理、提高效益、增加价值的重要工具，是为了让组织"有病治病，消除腐败；无病健身，增强自身免疫功能"。内部审计就是"一审二帮三促进"。其范围涉及公司治理审计、内部控制审计、舞弊审计、经济责任审计、风险管理审计、效益审计等方面。

内部审计师是现代组织的总控制师，是组织内部的"保健医生"和"健康顾问"。内部审计人员应笑容可掬、语言甜美、"外圆内方"；内部审计组织应"左右逢源"、"八面玲珑"。内部审计工作的方式应该是"和风细雨、春风送暖"，"全心全意为人民微笑服务"。微笑服务、和谐审计应该是内部审计的主旋律。

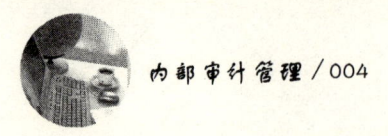

二、内部审计人员应具备的意识

内部审计工作不是任何人都可以胜任的,内部审计人员需要具备一些基本意识,主要有以下几个方面。

1. 大局意识

宏观着眼,微观入手。审计人员要站在全局角度,不断拓展审计视野,要善于从宏观角度思考问题,运用审计资料发现和揭示企业管理中存在的普遍性、倾向性问题,为领导决策提供体制性、机制性方面的建议。

2. 服务意识

监督寓于服务之中。服务于企业解决债务问题,防止资产流失;服务于企业强化管理、提高效益;服务于企业及时化解各种经营风险;服务于企业贯彻落实国家各项经济政策;服务于维护企业合法权益。

在服务中关注资产质量、偿债能力、未来可持续发展能力和抗风险能力,对企业面临的重大风险和危机及时发出预警信号,帮助企业化解经营过程中产生的重大风险。在审计中,注重发挥"谋士"作用,针对发现的管理薄弱环节,积极从体制上提出改进建议,促进企业建立完善的内部控制机制,提高企业经济效益。在审计中还要注重发挥"卫士"作用,关注政府职能部门、竞争对手、客户等滥用职权,损害企业合法权益的现象,引导企业增强依法经营和自我约束意识,主要解决审计中发现的侵占企业权益问题,积极为企业保驾护航。在服务中关注企业的重大决策,避免决策失误带来的风险和损失。

审计服务是全方位、立体式的,是多维、多方面、多角度、多层次的。有的审计服务是微观的,针对具体业务;有的审计服务是中观的,针对某些部门;有的审计服务是宏观的,针对整个企业。审计服务有些是直接有形的,而有些是间接无形的。

3. 精品意识

审计要严格执行程序、强化质量控制,力求高质量的审计报告,切实做到事实清楚、证据确凿、定性准确、评价客观、建议可行、成果显著。高质量的审计精品就是满足企业领导层、管理层的需要,通过开展内部审计塑造企业良好社会形象。

4. 风险意识

审计人员要关注控制风险、经营风险和审计风险。审计人员要高度关注组织的控制风险与经营风险,积极采取措施降低组织的风险。审计人员面对环境与业务的复杂性,审计结论与事实真相背离的可能性,审计结论与公众期望值差异,在审计成本与审计效益之间作出选择时都会导致风险。

5. 法制意识

审计人员应依法审计、依法维权,促进企业依法经营。审计人员应注重健全完善企业内部审计操作规范,严格按照内部审计准则和工作程序开展审计工作。依法维护企业权益,是内部审计为企业提供增值服务的重要内容。企业通过内部控制评审,增强内部控制的健全性、有效性,促进企业依法经营。

6. 创新意识

审计有章亦无章。审计有自己特有的程序和方法,但面对复杂的经营环境,审计又是无章可寻,需要审计人员的不断创新,创新审计方法、创新审计制度、创新审计手段。审计人员要善于运用创新的方法解决内部审计工作中遇到的新情况、新问题,不断构建内部审计工作新机制。

一位审计局长将自己二十多年的审计经验总结为 16 个字:“审出效益、审出形象、审出水平、审出感情”。所谓“审出效益”,是指审计工作本身要讲究效益,同时,经过审计工作以后,组织内部也产生巨大效益;所谓“审出形象”,不仅是审计工作、审计干部本身要有工作水平和工作能力,而且通过审计工作,防微杜渐,消除腐败和管理漏洞,提升组织整体形象;所谓“审出水平”,不仅体现出审计部门的业务水平,还要通过审计工作体现组织的管理水平;所谓“审出感情”,是指审计人员与被审计者的关系,要从对立面转化为朋友、亲人、爱人关系,设身处地为被审计单位考虑,一心一意为组织发展当好家、看好门,在共同的事业中培养出深厚感情。如何审出感情?第一,要有平等观念。审计人员不能以监督者自居,对被审计者横眉冷对、居高临下,更不能用审贼的口气说话,也不要认为寄人篱下、默默无闻、低三下四、担心害怕。放下架子、摆正位置、克服畏难情绪、积极寻求合作。第二,要信任被审计者。审计人员不要先入为主、主观臆断,对被审计者要以信任为主,其实大多数单位的问题是管理不规范引起的。第三,要讲究沟通方式。审计人员要注意倾听被审计者的反馈意见,在看法不一致时应加强协商,以理服人,用事实说话,千万不要扣帽子、打棍子。

三、内部审计人员的基本思维

内部审计人员还要学会正确的思维方法,正确的思维方法决定了正确的审计方法,正确的审计方法才能保证审计质量,防范审计风险。

1. "一分为二"的辩证思维

对待审计事项,审计人员不能只揭露问题,发现舞弊与差错。审计既要如实揭露问题,又要充分肯定成绩,肯定被审计单位的正确处理方法,肯定加强管理取得的成效和进步。"一分为二"的辩证思维,既要体现在审计过程中,也要体现在审计报告中,这样一来,审计结论全面客观,审计中的人际关系和谐友善。

2. 坚持用发展的观点看待问题

对待审计事项,既要揭露存在的问题,又要反映被审计单位的整改情况,要坚持以马克思主义发展的观点看待被审计事项和被审计人员,这样才有利于被审计单位的健康发展。

3. 透过现象看本质

对待审计事项,在揭露问题的同时,更要注重分析深层次的问题,通过表面现象从体制、机制和内部控制上查找原因,从健全财务管理制度上寻找对策。如果就事论事,就会出现屡审屡犯的怪圈,必须从根本上寻找原因。

4. 注重理性分析

理性分析主要体现在对审计问题的分析，体现在审计报告中。对审计问题的分析，要注重逻辑推理，分析原因，寻找对策。审计报告要体现基本情况的概述、审计对象的评价、发现问题的披露、问题产生原因的剖析和加强管理的建议。

总之，审计工作要跳出圈子、抓住点子、体现效益；体现审计的整体性、宏观性和建设性；深化审计成果，提升审计报告思想内涵。

四、领导干部如何对待审计工作

组织内部往往有两种声音。

1. 管理层提供好消息（报喜不报忧）

组织内部各个管理层给高层领导汇报工作时，描述的基层单位总是"红旗招展、锣鼓喧天"，一派大好形势；柳浪闻莺、歌舞升平，一片太平盛世。为什么呢？为了说明上级领导有战略眼光，拍领导"马屁"；为了说明自己管理有方，有能力，以便尽快升官发财。

好消息是客观存在的，无论怎样不影响大局。

2. 审计部提供坏消息（报忧不报喜）

各个基层单位可能客观存在管理缺陷与问题，审计人员针对客观情况，汇报时可能危言耸听、震耳欲聋，冒天下之大不韪，领导听起来并不舒服，但是，苦口婆心、金玉良言，留取丹心照汗青啊。为了组织的长治久安，领导干部应认真、耐心地听取审计部门的工作汇报，及时发现管理漏洞，完善制度。坏消息可引起管理风险、效益流失和干部"倒下"。

作为一个领导干部必备的基本能力是：宣传发动能力、出谋划策能力、用人信人能力、沟通协调能力、胆大心细能力。具体对审计工作来说，应做好以下方面：第一，为内部审计营造良好的工作环境，对审计资源进行有效配置，包括审计人员、办公用品、办公经费、福利奖金等。第二，为内部审计工作进行协调，主要是召开审计前的布置会议和审计后的整改会议。审计前的布置会议要布置审计任务，听取各个被

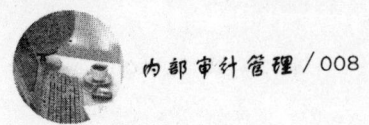

审计单位意见。审计后的整改会议主要针对审计查出的问题,安排落实整改意见。第三,尽量为审计人员创造培训和学习机会。第四,使审计机构成为培养各级领导干部的摇篮、现代的"黄埔军校"。

五、主要国家内部审计比较

没有比较就没有鉴别,在比较中寻求"异中之同和同中之异"(黑格尔语)。随着经济全球化的日益深入,随着我国加入 WTO 对外开放步伐的不断加快,在国际内部审计协会"经验分享、共同进步"的感召下,在我国目前建立和完善内部审计准则之际,研究比较各国内部审计,具有特别的现实意义。

(一)澳大利亚内部审计

澳大利亚内部审计起源于 20 世纪 20 年代,大中型工商企业开始建立审计委员会,40~50 年代,已经具备了现代内部审计的基本框架。现阶段内部审计的主要特点:① 没有明确的法律规定必须在公司内部设立审计机构,但是大型企业一般都自觉设立审计委员会,并设置内部审计机构、配备专业审计人员,为公司领导提供高效、合理建议。企业进行内部审计管理是一种自觉的、主动的行为,是企业管理不可缺少的重要组成部分。② 审计部门直接对董事会设立的审计委员会负责,不受公司经营管理者和管理部门的影响,建立了审计工作的独立性、权威性和客观性。审计报告直接报送首席执行官,同时抄送内部审计协会。③ 规定从事内部审计的人员必须是注册会计师,必须具有执业资格证书。④ 审计工作涉及企业管理的各个方面,审计工作已经起到综合管理的作用。⑤ 外部审计与内部审计具有良好的协调关系。

以 BHP 钢铁公司为例,该公司是澳大利亚最大的钢铁公司,位于新南威尔士州,具有 88 年历史,11 000 多名员工,产量占澳大利亚和新西兰市场的 80%。公司的内部审计在董事会设立的审计委员会下开展工作,由董事会直接领导;审计部门的年度财务预算和审计人员的工资奖金都由审计委员会决定;公司内部审计部门不仅对公司金融和财务管理以及领导人员的调任、离任进行审计,而且还对公司的供应管理、生产管理、产品质量管理、市场预测及销售管理、经营风险管理、生产安全管理进行审计;每年年初对各管理部门提出审计要求,年终对各管理部门进行年度审计并出具报告,定期向董事会报告审计结果,提出公司的潜在风险和规避风险的措施。

(二)奥地利内部审计

奥地利现阶段内部审计的主要特点:审计机构独立、审计结果公开、审计内容丰富,这些是与其他国家的共同点,此外还有:① 目的十分明确。每个审计项目分为突出目标、规划、决策、执行、监督五个控制环节。② 强调经济性、效率性和效果性审计。③ 注重风险审计。风险审计分四个步骤:一是确定风险分析对象,把整个企业的风险区域分为高风险区域、中风险区域等;把风险分为战略风险、部门风险和操作层面风险等。二是明确具体风险,哪些方面会有问题。三是分析风险,确定相关控制措施。四是对确立的风险进行评估优先排序,通过规划风险、规避风险、监视风险、管理风险,帮助企业渡过难关。

(三)德国内部审计

1875 年,德国最大企业之一的克虏伯公司(采煤、冶金、机械、军火)率先实行内部审计制度。现阶段内部审计的主要特点有:① 总经理领导的内部审计机构是主要形式,少数企业在董事会下设置隶属于董事会的内部审计机构,西门子公司就是如此。② 内部审计人员有专职审计人员和监事两种。其中,专职审计人员是主体。对内部审计人员的学历、专业和经验没有专门法律规定,但实际上对内部审计人员素质要求很高,一般要求为大学以上学历,熟练掌握外语和计算机技术。例如,奔驰公司要求内部审计人员懂得 2~3 门外语,熟悉两国以上的法律、文化及计算机系统,具备专业知识和领导才能等。但对内审人员的专业背景没有严格限制,可以来自经济、金融、会计专业。这一方面是为了适应广泛的内部审计范围的需要,另一方面是为了发挥不同专业的协同效应。例如,奔驰公司在董事长直接领导下的内部审计部,配备了 20 名左右的审计人员,工程师、会计师和经济管理人才各占1/3。③ 审计范围涉及财务收支审计、内部控制审计、经营审计、人事审计、管理效益审计、舞弊审计、环境保护审计等。④ 审计方法与程序方面,德国的内部审计是风险导向的典型代表,内部审计根据企业各个领域发生风险的概率大小来确定审计对象、内容和时间,而且,内部审计部门还要对审计项目的风险水平与审计投入产出进行分析,力求在确保控制企业主要风险的前提下,实现内部审计的经济效益。⑤ 注重审计目标,讲求实效,必须做到合法、安全、经济。

(四)法国内部审计

法国内部审计具有 100 多年历史,现阶段主要特点有:① 内部审计的主要职责是服务,帮助组织各层次人员实现其工作目标,审计部门与管理层之间是伙伴关系,而不是"警察与小偷"的关系。② 内部审计部门已经成为创造价值的部门,风险评估是其主要内容,及时发现和避免各种风险,提出规避风险的意见和建议,为企业生存献计献策。③ 审计机构的独立性很强。内部审计机构的计划由董事会批准实施,不列入企业其他计划。内审负责人直接对董事长负责,向董事会、审计委员会报告工作,可以对企业任何部门、个人进行审计,各级管理人员、总经理,甚至董事、董事长都必须接受审计,不得拒绝和设置障碍。对于审计报告中提出的意见和建议,被审计单位要在限期内予以实施。④ 审计工作注重科学性和实效性。每年审计计划的制订不是随意的,而是听取多方面意见,进行多方面评估,一般会提出大于计划一倍以上的项目,然后从中筛选年度审计项目,力求用最经济的方式,对最关键的领域进行审计,十分注重实效。⑤ 审计人员素质要求高,内审人员一般是大学以上学历,具有良好的专业知识和组织能力,熟练掌握1~2

门外语及计算机技术,同时具有良好的道德品质。内审部门不仅具有财务、管理专家,而且有技术、计算机、法律方面的专业人才,很多审计人员是复合型人才。内审部门实行定期岗位轮换制度,内审人员在审计岗位工作 3～5 年后,要到其他管理岗位工作,以保证工作活力。⑥ 外部审计与内部审计具有良好的协调关系。

（五）英国内部审计

英国内部审计的历史悠远,内审活动的开展可以追溯到诺曼人和古罗马人统治时期。现代内部审计的特色有：① 内部审计角色的转换,由以往的"监督和复核"转化为"保证和建议",由"内部警察"变为"保健医生"。② 法律没有强制性要求各企业建立内部审计机构,但是各企业出于内部管理的需要都建立了内部审计机构。内审部门在行政上接受总裁领导,在业务上受审计委员会领导。③ 内部审计监督体系：审计委员会、内部审计部门和委托的外部会计师事务所。审计委员会隶属于董事会,一般至少有 3 名非执行董事,主要职责是：审核公司重大财务报告问题;评价公司内部财务控制和风险管理程序的完整性及有效性;评价内部审计工作;监控外部审计师提供的审计服务;关注公司内部的舞弊预警信号。内审部门承担具体内部审计事务,内审主管随时可以向企业高级管理层和审计委员会报告,并对审计报告全权负责,任何人无权更改审计报告。会计师事务所负责审计企业年度决算报表和纳税问题,在审计业务量大时,审计委员会可以决定将某些专项内审业务外包委托给会计师事务所。内审部门和会计师事务所之间,可以相互评价对方的审计工作情况。④ 内部审计关注的热点问题：风险与风险管理;公司治理;信息系统审计。⑤ 内部审计被认为是很好的职业,对初级和中级审计人员需求量很大。内审职业要求很严格,不具备一定专业素质、管理水平和实践经验的人员不能到内部审计部门工作,需要提拔的高层管理人员,也需要有内部审计的工作经历,内审岗位具有很强的吸引力。⑥ 内部控制自我评估(CAS)日益受到重视。

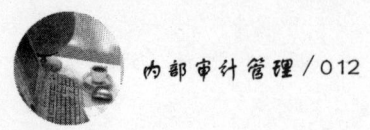

（六）美国内部审计

美国内部审计可以追溯到 20 世纪初，当时在铁路系统开展的内部稽核。现代内部审计的特色有：① 内部审计已经发展成为一种公认的专业职业。② 建立了世界上第一个内部审计师职业组织，并发展为国际性组织。③ 要求审计师必须具备丰富专业知识；必须经过注册内部审计师资格考试；严格遵守职业道德标准。④ 内部审计组织具有较高的地位和较强的独立性。⑤ 开拓了经营审计，以提高效率、降低成本、增加利润。

下面以美国通用电气公司（GE）内部审计为例说明：① 内部审计工作的目标是超越账本，深入业务。② GE 的内部审计人员绝大多数是工作过几年的年轻人，其中 80％有财会学历，15％有相关产业知识背景和管理方面的经验，5％是进行信息处理的。要求每个新人能给审计部门带来他人所没有的或无法做到的新贡献、新思想，不同的经历和见解有助于问题的发现和解决。工作要专注，有极高的自觉性、积极性和创造性。公司每年从几百个报名者中精心挑选几十名进入审计部门，同时从审计部门输送同样数量的人去充实各业务集团的管理干部队伍。包括副总裁在内的各级管理干部中有相当数量的人有审计工作经历，整个 GE 中级以上财会管理人员中有 60％左右是由内部审计部门输送的，每年离开审计部门的人员中有 40％可以直接提升为中级以上管理人员。③ 审计工作的安排独具匠心，平均每 3 个月，审计人员就接受一项新使命，每次都是不同的审计对象、不同的组成人员、不同类型的业务问题，审计人员互相吸收营养，在对比中发现问题。④ 审计具有独立性、权威性，审计方法在先进性、注重实效等方面与其他国家一样。

六、启示与借鉴

1. 审计定位

IIA 的最新内部审计准则提出：内部审计是一种独立、客观的保证工作与咨询活动,它的目的是为组织增加价值并提高组织的运作效率。增加组织价值是内部审计的根本目的,"服务高于一切"就是内部审计的新定位。内部审计不再是"警察",而是"顾问"、是"保健医生",及时发现问题,及时防范风险,及时提出改进措施。有病治病,消除腐败;无病健身,增强自身免疫功能。

2. 审计人员的素质要求

复合型人才:内部审计人员仅仅懂得会计和审计知识已经远远不够了,还要精通管理、技术、信息、法律、人际关系等多方面知识和经验积累,复合型人才是内部审计的基本要求。

人才组合与流动:不同工作背景的人员、不同专业的人才、不同年龄的审计人员相互搭配,知识与经验有机结合,取长补短,形成合力。只有这样的人才组合,审计质量才会提高,审计才有效率。实行岗位轮换制度,使不同审计人员时刻面临新的挑战,不断吸收新型人才,保证新鲜血液,增强工作活力。

基本素质要求:善于听取别人的意见;具有分析和综合能力;具有好奇心、嗅觉力(预测力)和想象力;行为态度谦和,有毅力;具有实用才能。

3. 审计机构的设立与作用

(1) 机构的独立性与权威性。内部审计机构的独立性越强、地位越高,就越具有权威性。建立审计委员会对董事会负责、审计机构对总经理负责的双层审计机构,是内部审计机构的一个必然选择。审计机构与纪检、监察机构一定要分开,因为审计是对事不对人的,审计机构是一个业务机构。审计人员的工资待遇和审计机构的经费来源一律纳入董事会单独计划,并且要有绝对保证,其他部门和人员无权干涉。内部审计机构与外部审计应建立良好的合作关系,减少审计成本,提高审计效率。

(2) 内部审计机构是优秀人才的集聚地。公司在招聘人员时,应该把最优秀的人才留在审计部门,并考虑男女的比例、专业的分工,将

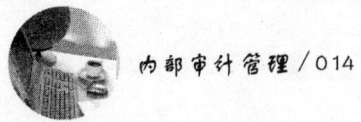

经验丰富的人员与高学历人员有机结合。

(3) 内部审计机构是骨干力量的培训地。长期的实践证明,好的审计人员同样是好的管理者。审计部门是一个出色的商业学校,因为审计人员与被审计者,犹如服务员与顾客,在长期的、反复的、多次的说服对方相信自己的过程中,审计人员施展了许多推销的才华,是一个优秀的推销自己思想的营销员。审计部门也是一个优秀的管理学校,因为审计人员在执行审计任务时所做的审计建议都带有预测和决策性质,是一位优秀的管理者。内部审计人员在审计岗位上所获得的一般审计工作经验,可以使他们有能力从事各种不同的专业。

4. 审计范围的广泛性

内部审计不再仅停留在财务收支上,它涉及公司管理的方方面面,渗透到公司的每一个角落。内部审计的范围涉及人力资源审计、公司治理审计、内部控制审计、经营审计(采购审计、招标审计、价格审计、合同审计、工程造价审计、质量审计、营销审计等)、风险审计、战略审计、舞弊审计、环境审计、责任审计等方面。通过开展各种管理审计,防范经营风险,提高经营效率,实现防弊、兴利、增值。

七、国外知名认证资格简介

1. CIA

国际注册内部审计师(Certified Internal Audit,简称 CIA),不仅是国际内部审计领域专家的标志,也是目前国际审计界唯一公认的职业资格。国际内部审计师协会(Institute of Internal Auditors,简称 IIA),自1974 年起在全球指定地点举行注册内部审计师资格考试,给考试合格者颁发注册内部审计师证书,授予"注册内部审计师"称号。目前全球已有 100 多个国家和地区参加了这项考试,约 4 万多人获得 CIA 资格。1998 年,中国内部审计协会与 IIA 签订协议,将 IIA 在国际上举办的国际注册内部审计师考试引入中国,并取得成功,已经在全国 20 多个城市设立考点。

2. ACCA

英国特许公认会计师公会(The Association of Chartered Certified Accountants,简称 ACCA),成立于 1904 年,是目前世界上领先的专业会计师团体,也是国际上海外学员最多、学员规模发展最快的专业会计师组织。英国立法许可 ACCA 会员从事审计、投资顾问和破产执行的工作。ACCA 致力于发展中国事务,1990 年在北京开办了第一个 ACCA 培训班,目前 ACCA 在我国北京、上海、天津等地设有考点,并与当地在财会方面有较强师资力量的大学或专业会计培训机构合作,设立培训中心,辅导学员参加考前培训。

3. CGA

加拿大注册会计师协会(Certified General Accountants Association of Canada,简称 CGA Canada),成立于 1913 年,是加拿大最大的会计职业组织之一。CGA 是国际公认的会计师资格,可以在加拿大及世界各地从事财务方面的工作。加拿大注册会计师协会作为国际公认的专业会计团体,不仅注重国际一流水准执业会计师的培养,同时还注重培养跨世纪国际通用型高素质专业人才,其课程已成为清华大学国际会计专业本科必修课。

4. CFE

注册舞弊检查师协会(Association of Certified Fraud Examiners,简称 ACFE)。成立于 1988 年,拥有美国和加拿大等 100 个国家会员 28 000 名。注册舞弊检查师(CFE)必须具有侦查白领职员贪污行为能力和较高职业道德水平,并通过统一注册舞弊检查师考试(ACFE Examination),才能申请成为协会会员。注册舞弊检查师的主要来源是审计师、会计师,以及刑事犯罪侦察员和防止损失专家。

目前,注册舞弊检查师在美国人才需求排行榜上位居第一。我国复旦大学最近开始招收反舞弊硕士研究生,并开设"舞弊审计与法务会计"专业。

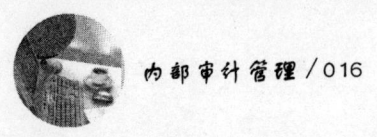
主要参考文献

[1] 计平.德国内部审计业务介绍[J].中国内部审计,2005,73(7).

[2] 林英杰.中德内部审计制度比较[J].中国内部审计,2005,69(3).

[3] 龚立群.赴奥地利考察内审情况的报告[J].中国内部审计,
    2005,66(1).

[4] 季大成.美国通用电器公司的内部审计值得借鉴[J].中国内部审
    计,2004,66(12).

[5] 黄少军.赴澳审计理论和实务信息管理培训体会[J].中国内部审
    计,2004,63(9).

[6] 张玉等.赴英法内部审计考察报告[J].中国内部审计,2004,57-
    58(3-4).

[7] 编写组.世界主要国家审计[M].北京:中国大百科全书出版
    社,1996.

第二章 内部审计组织机构

内部审计组织机构不仅是审计人员的办公场所,更是发挥审计作用的重要组织保障机制。其内容涉及内部审计机构组织形式、审计权限、管理制度、工作章程等方面。

一、内部审计机构的设置

内部审计机构一般按单一主体委托(见图 2 - 1)、多元主体委托(见图 2 - 2)、多层次委托链(见图 2 - 3)等不同情况设置。

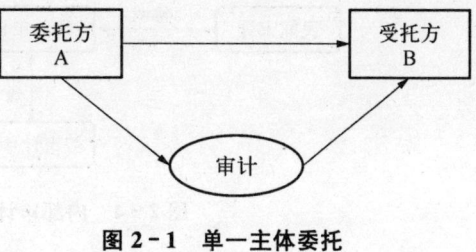

图 2 - 1 单一主体委托

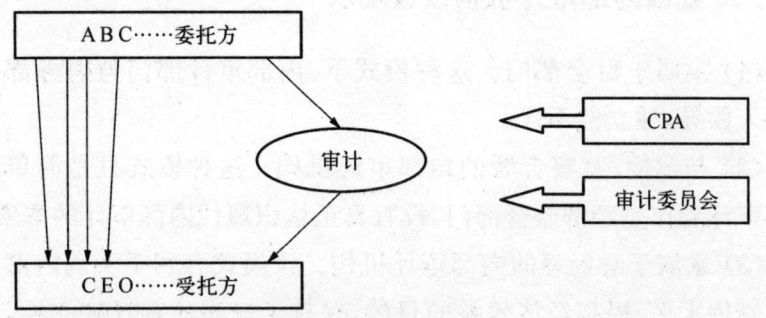

图 2 - 2 多元主体委托

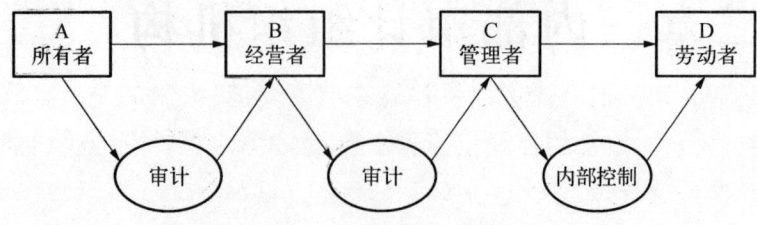

图 2-3　多层次委托链

总之,凡是存在委托与受托责任关系,委托方就有必要对受托方进行审计监督以确认其受托责任完成情况;委托方也有需求通过审计来解除其自身的受托责任。

内部审计机构要"左右逢源"、"八面玲珑",要正确处理好各方面的关系,见图 2-4。

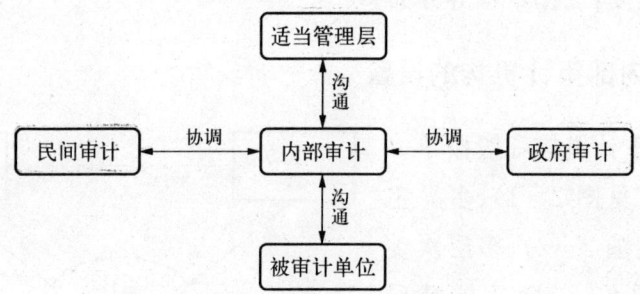

图 2-4　内部审计机构关系图

二、我国内部审计机构设置现状

(1)隶属于财会部门。这种模式下,内部审计部门与财务部门受同一人领导,独立性不强。

(2)与纪检、监察合署的内部审计机构。这种模式只是简单地把内部审计看作是经济监督部门,没有真正认识现代内部审计的本质。

(3)隶属于总经理的内部审计机构。该模式有利于实现内部审计提高管理水平、提高经济效益的目的,保持了较高的审计独立性,但是对本级财务和总经理往往难以实现有效监督。

（4）设在监事会的内部审计机构。监事会是组织内部的监督机构，是制约董事会、管理层的有效机制，它没有经营管理权，不能直接服务于经营决策。把内部审计机构设在监事会，其定位是一个监督机构而非服务机构，审计的咨询服务职能难以发挥，不能达到通过内部审计实现改善经营管理、提高经济效益的目的。

（5）在董事会下设审计委员会，在经营管理系统下设内部审计机构。内部审计机构在审计委员会领导下开展审计工作，在此基础上，职能性审计报告向审计委员会报告，行政性审计报告向管理层报告。这种双层报告关系能够最大限度发挥内部审计的各项职能，是比较理想的审计模式，也是 IIA 倡导的内部审计机构设置模式。

在实际工作中，内部审计机构的设立模式，可以根据企业规模大小，分别设立单层审计机构和双层审计机构。规模小的企业只设置单一的内部审计机构，服务于企业高层管理的需要；规模大的民营企业，可以在董事会下设审计委员会，在高层管理机构下设内部审计部门，分别行使各自对受托责任的审计职权。

审计机构的合理设置，是保证审计质量的有效平台，而合理设置的精髓就在于审计机构必须保持其独立性和权威性。目前我国多数企业内部审计机构设在财会部门，与纪检监察合署办公，严重违背了独立性原则。在董事会下设审计委员会沿袭了英美做法，在监事会下设审计机构沿袭了德国做法，在总经理下设内部审计机构具有中国特色。无论哪种审计机构模式，关键取决于委托与受托责任关系，委托人为了使受托人更好地完成受托责任，就必然要求专业审计机构和审计人员对受托人的受托责任进行独立的审计监督，并将审计结果汇报给委托人，以此解除受托人的受托责任。在董事会与经理层之间的委托受托责任关系中，需要有专门审计机构独立行使监督权并对董事会负责，在经理层与管理层之间的委托与受托责任关系中，也需要有专门审计机构独立行使监督权并对经理层负责。在公司治理结构中，核心问题是决策权、执行权和监督权的三权分离，而审计是监督权的重要组成部分，独立的监督权力,才会有权威性。审计如同"杀虫剂",消除机体组织的腐败分子;审计如同"防腐剂",增强机体组织自身的免疫功能。独立的、权威的审计机构,能使企业做大、做强、做得更持久。

内部审计机构是优秀人才的集聚地,公司在招聘人员时应该把最优秀的人才放在审计部门进行锻炼;内部审计机构是骨干力量的培训基地,公司中层与高层管理人才大多数都是从审计部门走出来的;内部审计机构是优秀的商业学校,因为审计人员在与被审计部门进行交流时,实际上是在推销自己的思想、理念和审计结论;内部审计机构是优秀的管理学校,因为审计人员在执行审计任务期间所作的提案都带有预测和决策性质。

三、内部审计机构的主要职权

1. 内部审计机构一般具有的职权

(1)报送资料权,即内部审计机构有权力要求被审计单位按照规定报送与财政财务收支和经济活动的有关资料。这是内部审计机构最基本的权力,是内部审计机构开展工作的前提条件。

(2)参与决策权,即内部审计机构享有参与决策本单位经营管理以及与审计工作相关事项的权力。有权参加本单位有关会议,召开与审计事项有关的会议;有权参与制定有关规章制度,提出内部审计规章制度。

(3)检查权,即内部审计机构享有检查被审计单位与财政财务收支和经济活动有关的资料和资产的权力。检查权是内部审计机构享有的非常重要的权力,是审计权限的核心。

(4)调查取证权,即内部审计机构享有的对与审计事项有关的问题向有关单位和个人进行调查,并取得证明材料的权力。

(5)强制措施权,即内部审计机构享有的在特定情况下对被审计单位采取临时性强制手段的权力,主要是制止权和采取证据保全措施。制止权是内部审计机构享有责令被审计单位立即停止其正在进行的违法行为的权力；证据保全措施是内部审计机构为保证审计证据的安全、完整而采取的强制措施。

(6) 建议权，即内部审计机构享有的就审计中发现的问题，向被审计单位以及有关部门反映并建议采取相应措施的权力。建议权主要有：一是对被审计单位的违法违规行为提出纠正、处理的意见；二是就改进经济管理、提高经济效益提出建议；三是对违法违规和造成损失浪费的单位和个人，提出追究责任的建议；四是对贡献突出的单位或个人提出表扬奖励的建议。

(7) 通报批评权，即以公开形式批评违法违规行为的权力。

(8) 处理、处罚权，即内部审计机构对审计中发现的违法行为进行纠正和制裁的权力。处理是对违法违规行为的纠正，使其恢复到原有合法状态；处罚是对违法违规行为的制裁。

2. 不同层次审计人员的职权范围

(1) 审计长。① 负责整个部门的行政与事务并接受上级领导；② 制定审计政策与整体审计计划并积极推动实施；③ 核准审计报告；④ 协调与政府审计和民间审计的关系。

(2) 审计经理。① 负责单位或地区的部门行政工作；② 协调与其他部门的关系；③ 在职责范围内制定审计计划；④ 制定审计作业考核标准与审计手册；⑤ 改进审计方法，提高审计效率与质量；⑥ 确定审计风险与重要性水平；⑦ 复核审计报告并提交审计长。

(3) 高级审计员。① 拟定具体审计计划、审计任务与审计进度，指挥审计小组作业；② 归集、分析、判断审计资料，提出审计建议，改进审计程序与方法；③ 复核工作底稿与审计日志，草拟审计报告；④ 考核审计人员绩效。

(4) 一般审计人员。① 执行高级审计人员分配的任务，进行现场作业；② 编制工作底稿、审计日志、控制作业进度；③ 就审计过程中发现的问题报告上级并提出建议；④ 就其审计工作的范围草拟相关报告。

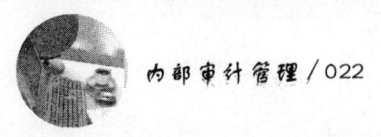

四、内部审计章程

内部审计章程是开展内部审计工作的"基本法",它代表了组织最高管理当局的有效授权,是内部审计人员开展审计活动的依据,对整个组织都具有约束力。内部审计章程是组织的主要法律文件。

内部审计章程一般由内部审计机构起草,起草的内容要与组织目标和内部审计准则相一致,然后报给高级管理层批准通过。内部审计章程要明确内部审计的目标,限定内部审计的活动边界,界定内部审计活动的内容和方式。

内部审计章程的主要内容如下。

1. 宗旨

内部审计机构的宗旨是:通过开展独立、客观的保证与咨询服务,运用系统化和规范化的方法,对内部控制、风险管理和治理过程进行评价,以增加组织价值,提高运作效率,帮助组织实现其目标。

2. 组织机构

审计机构是组织内重要的职能部门,从内部审计的性质来说,应保证内部审计机构的相对独立性。各单位可根据具体情况设立相应的内部审计机构。

3. 权力

在批准的章程范围内,内部审计机构有权审计所有工作,有权接触所有记录、人员和与实施审计工作有关的部门。在提供保证和咨询服务过程中有权与管理层交换意见。有权根据管理层要求,灵活安排审计项目的范围、时间和深度。对发现的重大风险,有权向高级管理层和审计委员会报告。内部审计人员应当独立于其所评价的活动或管理,不应参与任何有可能降低其独立性的活动。

4. 职责

内部审计机构和人员的职责是:按照《职业道德规范》和《内部审计准则》的要求开展审计工作;根据风险大小确定审计的重点和先后次

序；在执行审计过程中保持应有的职业谨慎；在提交审计报告之前，应核对事实，征求被审计人意见，以便包含不同的资料或观点。

5. 审计人员

审计人员必须熟悉有关法律法规、公司章程；掌握审计、会计相关知识；有一定的会计、管理、审计工作经验，通晓经营管理和相关生产、技术知识；有较强的组织协调、调查研究、综合分析能力；在审计过程中遵守职业道德和专业标准。

6. 术语和说明

对术语的解释有利于内部审计人员有共同的认识，详尽的说明有利于各方的沟通及章程的完整性。

五、内部审计制度

内部审计制度包括：审计机构应享有的调查权、检查权、建议权和处罚权，各部门应无条件接受审计人员监督；审计机构经费单独预算制度，应对审计机构实行单独定额预算制度，确保审计活动有足够的经费来源，保证审计活动的有效开展；定期审计制度，监督企业各项管理制度的贯彻落实，发现问题及时解决；审计建议落实制度，定期检查审计建议的落实情况；违规处罚制度，对于违规者以重罚，使其一日受罚终生不为。健全完善的内部审计控制制度，有利于保证审计质量。因此，为实现内部审计工作的规范化、制度化，明确审计人员、主审人员、项目负责人、部门负责人的责任，必须制定、完善内部审计的质量控制制度。这些制度包括审计工作制度、质量检查考评制度和责任追究制度。

1. 审计工作制度

审计工作制度是审计工作过程的规范性要求，要明确各个责任人的具体权力、责任和义务，涉及审计立项制度、人员委派制度、计划编制规定、主审竞聘制度、主审负责制度、外勤工作管理规定、取证注意事项、工作底稿编制复核制度、审计报告编制复核制度、督导制度、重大问题请示报告制度、审计公告制度等。

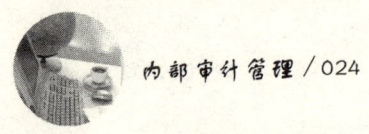

2. 质量检查考评制度

质量检查考评制度是对正在进行或已经完成的审计业务进行监督、评价，了解审计状况，提高审计质量，是一种事中和事后的监控制度。审计质量的检查可以是企业内部审计部门的自查与互查，也可以是企业内部高层组织的、专门针对内部审计质量的专项检查，也可以是内部审计协会质量检查委员会的外部督促检查。科学考评内部审计质量，应该建立考评指标体系，包括定性指标和定量指标，并以此为依据，作为奖惩的基本依据。

3. 责任追究制度

责任追究制度是一种事后补救的质量控制措施，目的在于促使各级内部审计人员明确各自责任，强化责任意识，降低审计风险。实施责任追究制度，在对违规者进行处罚的同时，也对遵循者实施了保护，是确认和解除审计人员审计责任的一种有效机制。

六、内部审计机构职权探讨

在我国的公司治理中，监事会、审计委员会、内部审计部门之间应该如何定位，是一个值得探讨的问题。

1. 我国《公司法》规定监事会行使的职权

（1）检查公司财务。

（2）对董事、经理执行公司职务时违反法律、法规或者公司章程的行为进行监督。

（3）当董事和经理的行为损害公司利益时，要求董事和经理予以改正。

（4）提议召开临时股东会。

（5）公司章程规定的其他职权。

（6）列席董事会会议。

2. 我国《上市公司治理准则》规定审计委员会的主要职责

（1）提议聘请或更换外部审计机构。

（2）监督公司内部审计制度及其实施。

（3）负责内部审计与外部审计之间的沟通。

（4）审核公司的财务信息及其披露。

（5）审查公司的内部控制制度。

3. 我国审计署《关于内部审计工作的规定》明确内部审计部门的职责

（1）对本单位及所属单位的财政收支、财务收支及有关经济活动进行审计。

（2）对本单位及所属单位预算内、预算外资金的管理和使用情况进行审计。

（3）对本单位内设机构及所属单位领导人员的任期经济责任进行审计。

（4）对本单位及所属单位固定资产投资项目进行审计。

（5）对本单位及所属单位内部控制制度的健全性和有效性以及风险管理进行评审。

（6）对本单位及所属单位经济管理和效益情况进行审计。

（7）法律、法规规定和本单位主要负责人或权力机构要求办理的其他审计事项。

由此可见，监事会、审计委员会、内部审计部门之间，确实存在职责不清和职能重叠之处。笔者提出以下思考：

第一，董事会对股东大会负责，其职能是对管理层的决策进行监督，监督的重点是决策的科学性，即监督"风险经营决策"。

第二，监事会对股东大会负责，应该定位于保护除控股股东以外的其他利益相关者，包括中小股东、职工群众和银行利益，监督重点是决策的正当性（因为目前管理层和控股股东控制董事会导致其他利益相关者利益受损），即监督决策的制定程序和执行结果不会对除控股股东以外的其他利益相关者造成损失。实践中着重对员工福利、利润分配、重大投资等特定决策进行监督，即监督"正当经营决策"。

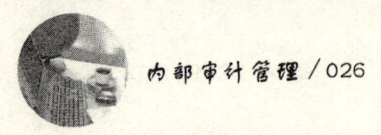

第三，审计委员会应该对董事会负责，主要职责包括领导内部审计工作、与外部审计师的协调、评价外部审计、检查财务报告、监督经营活动的合法合规性、关注诉讼案件、监督高级经理层的报销和津贴等方面。

第四，内部审计部门对总经理负责，服从于经营管理层的需要，开展多种多样的经营审计和管理审计，为实现经营目标服务。

图2-5展示不同委托者与受托者之间的监督机构与监督方法。

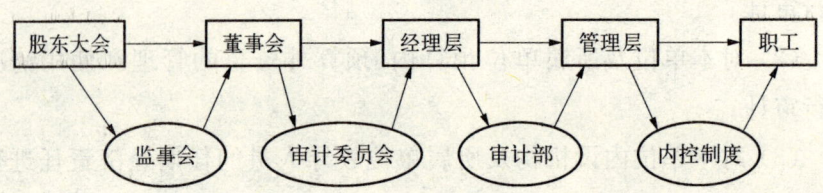

图2-5 不同委托者与受托者之间的监督控制链

主要参考文献

[1] 王宝庆. 现代内部审计[M]. 上海：立信会计出版社，2007.

第三章　审计人员素养

审计人员的良好素养是有效开展审计工作的基本前提,素养涵盖了相关的知识结构、有效的人际沟通能力、各种专业胜任能力等方方面面,这些都需要审计人员在长期的实践中逐步积累养成。

一个成功的审计人士,大多具备以下基本特征:一是优良的基本素质;二是良好的专业审计技能;三是适当的知识结构;四是融洽的人际关系。

一、审计人员基本的业务素质

审计人员审计能力的培养应该建立在合适的人员流动和人员培养机制基础之上。要加强专业技能的培训,内审部门在人力资源的调度方面应具有足够的灵活性,审计人员的构成除财会人员、审计人员之外,还应该配备信息技术人员、管理人员、工程技术人员,以保证审计业务发展需要。审计团队的成员应该保持合理的流动性,审计岗位不应该成为企业的"多余"岗位,而应该成为培养企业骨干的摇篮,企业的高层领导应该是由内部审计部门培养出来的。内部审计核心能力是个人能力、团队能力及综合能力的有机结合。内部审计人员不仅要求踏实认真、实话实说、爱岗敬业、乐于奉献、公正无私、廉洁奉公、恪守诺言、严守机密,而且要有风险意识、责任意识、道德意识等时代特点。同时要精通会计与审计,熟悉法律与法规,掌握经营管理知识和善长计算机

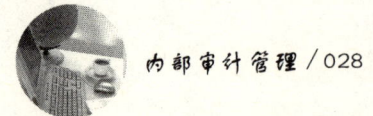

操作,更要具备分析问题、判断问题能力,调查研究能力和文字写作能力等较强的工作能力。审计人员中,高学历和高职称的人员必须占有一定比例,CIA的专业人才必须配备,审计人力资源应该有一个合理的层次梯队,并保持合理流动。

内部审计人员应该具备以下基本的业务素质。

1. 好奇心、想象力和嗅觉

审计人员对听到、看到的任何常态和非常态事物都应该有极强的好奇和质疑态度。"嗅觉"不灵敏的审计人员只能事倍功半,"嗅觉"是一种职业能力,可以通过细心观察事实的发展、听取别人的意见来帮助"嗅觉"力的提高。"嗅觉"力使审计人员在完成分析之前就预感到问题会出在哪里,加快了审计分析进程。审计人员还要有丰富的想象力,对于证据反映的现象能够想象出多种经济本质,对于存在的关键问题,能通过充分的想象寻求更有效的解决办法。

2. 善于听取各方意见

审计人员在取证、沟通、协商、报告等环节能够认真听取不同意见,对别人要亲切、礼貌和尊重,要创造一个平等对话的环境,让对方充分表达自己的意见,要留心、尊重发言人的思路、观点和看法。对于沉默寡言者要善于引导、诱导和鼓动,对于反对、阻碍审计调查的人员要有耐心、信心和毅力,听取意见,寻找原因。

3. 集体团队的协作精神

内部审计工作不是一个人可以独立完成的业务,必须人人参与集体生活。这一集体首先是审计小组成员和审计部门成员,对于审计任务,大家应该有共同理想和信念,长幼之间、男女之间、领导与员工之间都要通力合作、取长补短。另外,内部审计人员应能够与各部门、各层次人员之间交往自如,如与提供证据的工作人员的沟通协作、与被审计部门的沟通协作、与使用审计报告人员的沟通协作,审计人员无论在工作时间还是在工作之外,都能与他们融洽相处,而这一集体就是同一受雇佣的企业。

审计人员应坚决摒弃：① 自以为是、肆无忌惮、钦差大臣式的审计，忘记基本礼仪，妄加评论、滥用职权。② 碰到困难知难而退、胆小怕事、缺乏自信，总是被对方的话题牵着走。

审计人员必须要有毅力，毅力就是善于坚持自己的观点，特别是涉及重大问题时，如同一名战士在布满荆棘的道路上前进。这样做既不是顽固也不是无礼，而是职业良心的真正体现，毅力伴随着很强的灵活多样性。

二、审计人员良好的专业能力

1. 专业胜任能力

专业胜任能力包括专业知识与业务能力。内部审计人员不仅要熟悉内部审计准则、财务会计准则与制度，还必须具备税收、金融、管理学及相关业务经营知识，这样才能对组织的财务系统、管理系统和经营系统作出恰当评价。审计人员的工作经验是胜任能力的重要体现，在胜任审计工作之前，必要的财务会计工作经历和业务管理部门的工作经历是必不可少的。

2. 职业判断能力

职业判断能力需要感性总结与理性思考。目前存在的误区是：审计不需要判断，只是取证；审计人员自以为是，认为自己的判断总是正确的。审计判断需要具备的基本素质有：善于听取、耐心听取被审计人意见；好奇心、"嗅觉"力和想象力必不可少；分析能力和综合能力必须具备。审计的过程既是一个取证的过程，更是一个职业判断的过程。审计判断贯穿于审计全过程：在选择审计对象时需要判断；在确定重要性水平时需要选择大小；在确定审计风险时需要确定高低；在取得证据时需要判断真伪；在结束审计时需要定性判断。从某种意义上讲，审计工作就是一个不断判断的过程。

3. 语言表达能力

语言表达能力包括出色的口头表达能力和书面表达能力，跨专业

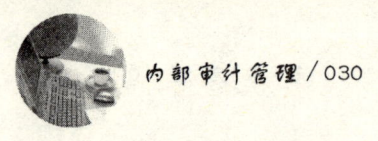

的"点评能力"。

4. 分析问题能力

审计要去伪存真,由表及内。通过开展综合调查,在审计报告中体现数据和分析,既揭露问题,又要从体制上、机制上和制度上研究解决预防的措施,提出合理化建议,不能满足于简单的情况汇总,要在综合分析上下工夫,提出"治本"之策。

5. 人际交往能力

内部审计要处理好内外相关机构与人员的关系,和风细雨,春风送暖。审计人员要加强对外联络和协调配合,争取理解和支持,在计划制定方面,要提前通气,突出重点,科学合理;在审计实施中,与相关部门和人员多交流、多沟通;要运用系统论方法,处理好审计与各个部门之间的工作关系,处理好微观审计与宏观管理关系,加大联合力度,与有关部门联动形成监督合力。

6. 微机应用能力

内部审计需要应用计算机进行审计测试、审计验证和审计管理。因此,审计人员必须熟悉计算机的一些常用软件。

三、审计人员完备的知识结构

审计人员不仅要熟悉审计理论、审计准则、财务会计准则与制度,还必须具备税收、金融、管理学及相关业务经营知识,这样才能对组织的财务系统、管理系统和经营系统作出恰当评价。审计人员的工作经验是胜任能力的重要体现,在胜任审计工作之前,必要的财务会计工作经历和业务管理部门的工作经历是必不可少的。具体知识结构如图 3-1所示。

四、审计人员融洽的人际关系

人际关系是人与人之间心理上的关系,即心理距离。人际关系取决于人们需要的满足程度,如果交往双方的心理需要都能获得满足,那

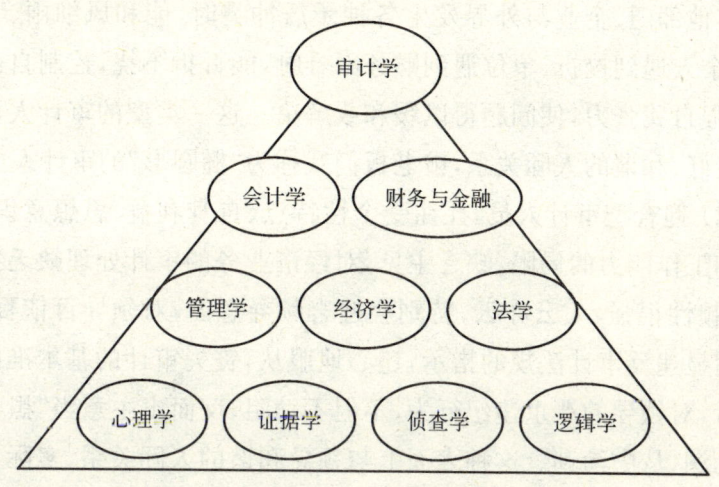

图 3-1 审计人员的知识结构

么人们之间就产生并维持一种亲近的心理关系。如果交往双方的心理需要得不到一定程度的满足,就会形成疏远关系,甚至发展到对抗关系。良好的人际关系,可以直接提高审计人员工作的质量与效率;恶劣的人际关系是导致错账、假账和信息严重失真的重要诱因。审计人员的类型不同,人际关系的差异程度也很大。人际关系主要是审计人员与领导者、审计人员之间、审计人员与其他人员之间的人际关系。心理失衡是影响审计人员人际关系的重要因素。良好的沟通形式是化解冲突的有效办法,为人际关系的融洽奠定基础。

1. 审计人员的基本类型

企业单位的审计人员基本上可以分为三大类型:事业型审计人员、迎合型审计人员和固执型审计人员。

(1) 事业型审计人员,具有很强的进取精神和创新意识,有深厚的审计理论功底和财务运作能力,审计师、高级审计师、注册会计师等资格考试都能一一通过。他们对本行业经济环境、本单位经营状况了如指掌,积极参与企业经营决策,具有较强的组织、协调和自我控制能力。在工作中,既坚持原则,又讲究工作方法和艺术,在自己与他人、财会部

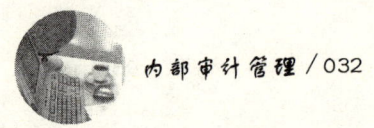

门与其他部门、企业与外界发生各种矛盾冲突时，能和风细雨、春风送暖；在个人遇到挫折、单位遇到财务困难时，能百折不挠，控制自己的情绪，增强自我张力，使问题得以缓和或解决。这一类型的审计人员往往具有良好、和谐的人际关系，被老板们戏称为"椭圆形"的审计人员。

（2）迎合型审计人员，往往受个性特点、自身利益、思想意识、业务水平和工作能力的局限，缺乏主见，对经济业务的审计处理缺乏独立分析，依赖性很强，人云亦云，特别会迎合领导意图，对领导百依百顺，对领导明显违反审计法规的指示，违心地服从，丧失审计的基本准则。更有甚者，对领导的严重违纪行为，不但不劝阻，反而出主意当"黑参谋"，推波助澜，从中渔利。这种表面上与领导和谐的人际关系，实际上隐含着巨大的执业危险，被老板们戏称为"圆形"的审计人员。

（3）固执型审计人员，其主要特征是性格内向、孤僻、语言偏激、说话武断、尖刻、缺少人情味。工作中遇到挫折时怨天尤人，会将一腔怒火发泄到他人身上。对于审计制度机械地执行，死板于制度条文，不会运用实质重于形式这一根本原则，不会用发展的眼光分析、解决企业实际财务问题。办公室里有了这样的审计人员，必然是空气沉闷、关系紧张，领导和他人的沟通协调工作量也大大增加，被老板们戏称为"正方形"的审计人员。

2. 审计人员与领导者的人际关系

审计人员与领导者的人际关系，主要是一种主从关系，即一部分人支配别人，另一部分人顺从别人。领导是支配方，审计人员是被支配方。这里的领导者既有单位负责人，也有财务负责人。这种主从关系在企业单位中居多，这主要是由于审计人员的地位所导致的，是传统计划经济的产物，不适应市场经济要求，理应改进。

审计人员与领导的人际关系主要体现在两个方面：一是体现在汇报工作中；二是体现在对审计政策选择上的分歧。具体运用时，应注意以下策略：

（1）由于工作忙碌，领导听汇报时，往往急于知道事情的结果，因此,审计人员在汇报时应抓住此心理特征,直截了当说明事情成功与失败的结局,然后根据领导的兴趣状况说明事情发展的原因和过程,适可而止,不可拖泥带水。

（2）汇报时,一般不要写成材料,而是列出提纲,标明数据,进行口头汇报,这样可以随时掌握时间,根据领导的兴趣,对相关审计问题进行详略说明,还可以根据领导的提问进行有针对性的回答。

（3）汇报要以数据说话,以事实为根据,不要刻意在领导面前表功,不要把自己的意图和观点强加于人,审计信息是以大量数据和事实说话的,领导根据审计人员提供的精确数据和事实证据,自然会认为你的观点和结论是真实可信的,同时也会从心理上肯定你的敬业、踏实和能力。

（4）汇报时宜采用先概括后演绎的思维方法,这样可以使领导感觉你的思路清晰,说话有条理,汇报结束前,再归纳总结你的基本要点,使谈话首尾连贯,干脆利落。

（5）汇报要讲究艺术,不要让领导感觉疲劳,力求语言风趣、幽默,听起来轻松自如,使对方乐意与你交谈,说话简明扼要,通俗易懂,尽量不使用审计专业术语,时间一般不超过半个小时。

（6）对于分歧意见,审计人员要以事实为依据,以审计法、审计准则和审计制度为准绳。由于我国大多数单位负责人对审计法律知之甚少,我们更应该动之以情、晓之以理,从单位和领导个人的切身利益、长远利益考虑,说明违法违规带来的严重后果,这样既坚持原则、遵循制度、维护单位利益,又保护了领导和审计人员自己。

3. 审计人员之间的人际关系

审计人员之间的人际关系,很难归纳出有多少个类型,现就两个极端类型,即合作型和斗争型分析如下:

合作型关系的审计人员具有共同的奋斗目标。为了实现既定目标,审计人员在工作中能相互衔接、配合默契,对经济事物的辨别、对审计政策的理解有分歧时能认真讨论,相互沟通。在审计机构内部,合作型关系对于避免重复劳动、提高工作效率起到积极的推动作用;对于各

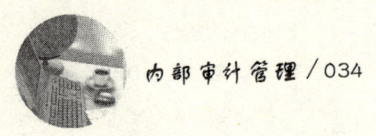

类审计职称考试,大家互通信息、相互帮助,学习上相互促进,在竞争中共同进步。合作型关系的审计人员,具有强烈的团队意识和团队精神,他们视单位为家园,视工作为生命,视同事如亲人。在外部,能密切财务机构与财政税务机关、银行、会计师事务所的关系,起到事半功倍的效果。属于合作型关系的审计团体是文明的、是有教养的,是一种理想的人际关系。

斗争型关系的审计人员通常是对立的,为达到自己获胜的目的,竭尽全力进行着痛苦的斗争。有的为职称评定进行激烈的竞争;有的为职位、岗位、待遇进行你死我活的斗争;有的因自身工作能力、业务能力的差异相互指责,有时会在背后中伤、诋毁、贬低对方。这种关系是令人兴奋的,可以使审计工作朝气蓬勃,充满活力,但更是一种使人焦虑、疲惫不堪的不安宁的紧张关系。

另外,据相关资料显示,从事审计工作的人员构成发生了巨大变化,从传统的"账房先生"变成了"审计丽人",性别比例严重失调,大多数审计人员从财务岗位而来,女性占了大多数,女性之间在工作中的"醋意"易导致人际关系的相对紧张。常言说得好,"男女搭配,干活不累",合理的审计人员性别比例有助于人际关系的改善。

4. 审计人员与其他人员之间的人际关系

审计人员与其他人员之间的人际关系主要是相互理解。由于职业习惯,审计人员往往表情严肃、工作认真、秉公办事、说话干脆、做事谨慎再谨慎。一个漂亮的姑娘进了审计处,也会从一个"美丽天使"迅速变成一个"凶神恶煞的黄脸婆",长此下去也不温柔美丽了,从而导致人们对审计人员的误解,认为审计处是"挑毛病、门难进、脸难看、事难办"的部门,人际关系格外紧张。

审计人员在工作中对员工应该笑脸相迎,就像宾馆的服务员一样,积极宣传审计政策,让全体员工了解、理解、支持审计工作。

由于长期刻板的审计工作,严格的审计制度要求,使审计人员脸上的笑容消失了,刻板严肃的表情导致了人际关系的紧张。幽默感是一个人心理健康的标志,审计人员适当地将幽默艺术运用于工作中,可以活跃气氛、减轻压力、化解难堪,甚至可以化干戈为玉帛,促进人际关系的融洽。

我们提倡审计人员在工作中微笑服务,微笑可以迅速沟通人与人之间的心理距离,微笑可以使工作环境气氛融洽,微笑可以使审计人员青春常驻,有助于面部肌肉的运动,达到美容养颜之功效。

5. 审计人员的心理失衡分析

审计人员的心理失衡是指审计人员在外界环境作用下产生的心理落差。心理失衡,扩大了审计人员与周围同事的心理距离,导致人际关系紧张。

审计相关法规对审计人员的任职资格、从业要求和法律责任都有详细、严格的规定,但是,审计人员较低的工资待遇与其承担的重大责任极不相称,导致审计人员心理失衡。

审计人员一方面要对法律负责,严格遵循审计法规和审计制度;另一方面又要听从单位负责人的指挥,按照单位负责人的意图进行所谓的"审计处理",否则会面临下岗的威胁。在双重压力下,在职业良心与职业饭碗之间,审计人员往往很难作出选择,在压力、痛苦与矛盾中导致心理失衡。

审计机构是企业单位的核心机构,审计人员是核心成员,因为他们对本单位的财务状况、对全体职员的工资待遇、奖金水平了如指掌,每当月初发放工资、年终发放奖金时,审计人员看到别人的报酬比自己高时,总认为自己的能力和贡献是很大的,即得不到相配比的工资奖金待遇,月月如此、年年如此,就不免产生心理失衡。

面对以上种种,审计人员应该调整自己的心态,时刻要清楚:健康的体魄才是最重要的,做自己感兴趣的事情才是最开心的,心态的平衡是创造良好人际关系的基础。

6. 审计人员人际关系的冲突与沟通

审计岗位是企业单位经济活动的枢纽,同时也是各种矛盾的交织点。审计人员工作的环境是一个相对封闭的系统,与外界人士交往沟

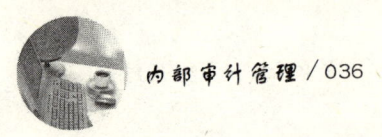
通的机会和桥梁甚少。相对封闭的工作环境与复杂人际关系的矛盾焦点，使审计人员时刻面对各种冲突。

由于审计人员与其他人员的角色地位不同以及角色的转化形成了人际关系的冲突。冲突的产生来自各自价值观和利益观的不一致，来自职业道德和信念的差异，来自对同一经济事项认识的分歧，来自相关信息的不畅通。

沟通的基本原则要把握好以下三点：

（1）建立动态立体的审计人员网络。企业单位的审计部门应该配备不同年龄、不同层次的立体人员结构，使审计知识与职业经验互补；不同审计人员应定期进行轮岗，人员的流动减少了攀比、抱怨、厌烦、守旧等现象，为建立和谐的人际关系提供良好平台。

（2）原则性与灵活性的统一。审计人员在处理人际关系时一定要坚持基本审计原则，任何时候不可违背，在原则的基础上还要有灵活性，灵活性是在非原则问题上不要斤斤计较，而是以坦荡的胸怀、豁达的心境，体谅对方、谦让对方。

（3）注重人际沟通的艺术。在沟通中，要充分了解对方的心理状况，要给对方一定的"台阶"和"面子"；注重沟通频率，适可而止；对领导一律尊重，对同事一视同仁。

对于人际关系的各种冲突，化解的方法有：一是暂时回避，寻找适当时机进行协调；二是在原则范围内适当妥协；三是说服、劝导，争取当事人对审计制度、审计工作的理解和支持；四是耐心、认真地倾听当事人的心声，充分运用口头语言、肢体语言、书面语言进行充分沟通，争取相互理解，实现互相协作；五是向适当的管理层汇报，寻求协调支持。

主要参考文献

[1] 中国内部审计协会. 中国内部审计规范[M]. 北京：中国时代经济出版社, 2005.

第四章　审计需求分析

内部审计机构的自主性很大，内部审计如何立项，一直是困扰内部审计人员的重大问题，而审计立项就必须要考虑审计需求。审计需求决定审计计划，审计计划影响审计成果的有效运用。通常，需求与供给的平衡更多地被理解为市场法则，实际上这个法则也适用于审计工作，内部审计工作要有价值、要发挥作用，一方面要满足组织管理需要，另一方面要不断增强审计机构和审计人员的能力、审计人力资源数量和审计经费，前者属需求范畴，后者属供给范畴。

一、审计需求的一般分析

一般说来，审计立项首先要考虑审计需求，而审计需求要考虑以下基本因素：

（1）单位组织年度内经济工作的中心问题。

（2）单位组织重大政策措施落实情况及存在的问题。

（3）经营管理中存在的突出问题和难点问题。

（4）群众普遍关注或反映强烈的热点问题。

（5）以往审计中发现的比较突出、影响较大的问题。

（6）重大经营风险和管理风险。

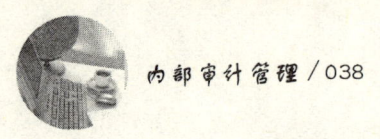

二、组织内部不同层次的审计需求分析

1. 单位负责人

单位负责人更多考虑的是宏观方面的问题,政治、经济、市场、制度等方面,审计人员尽量采取访谈的形式,充分了解单位负责人所思、所想、所忧与所求,准确把握审计需求并进行具体细化。

2. 被审计部门

被审计单位表面上是不希望审计查出自己部门存在的问题,更深层需求是希望审计能在管理方面提出更好的建议,进而防范风险、提高效率。同时,希望审计部门能为被审计部门在领导之间、在其他部门之间建立起一座沟通的桥梁。对此,审计部门应该有一个清醒的认识。审计人员可以通过问卷调查形式,充分了解被审计部门的需求。

3. 业务管理部门

业务管理部门是实现组织目标的一个重要环节,有时也变成了被审计部门。内部审计从本质上理解就是服务于组织的经营与管理活动,因此审计部门必须对经营与管理活动进行独立的判断与分析,面对采购部门、生产部门、销售部门、财务部门、人事部门等,审计人员必须明确审计目标,恰当运用分析评估方法,正确评估分析审计范围,细化分析要素,确立评估标准,考核关键指标。

4. 监管部门

监管部门最熟悉国家政策变化与行业发展导向,可以为内部审计工作提供一些方向性的需求,更关注未来变化,有利于组织的可持续稳定发展。审计部门应该从防范组织未来的风险方面发挥积极作用。

三、不同管理内容的审计需求分析

1. 战略管理需求

战略管理是从组织的长远生存和不断发展的全局性重大问题进行

的管理,为了适应外部环境变化,必须及时、准确地掌握市场动态,迅速采取与之相适应的有效措施。重点考虑的问题是环境发生了哪些变化? 自己的优势是什么? 如何寻求新的增长点?

2. 组织管理需求

高效、有机、无缝的组织设计是保证战略目标实现的重要措施,内部审计应对组织的经营目标、业务经营现状和现有组织结构进行充分分析,针对其不足之处,提出改进方案,从而充分利用资源、提高管理效率。其主要涉及管理体制、组织机构和运行机制三个方面。组织设计的原则是什么? 管理跨度与层次是否适当? 集权与分权是否平衡? 职位、职责与职权划分是否合理? 沟通是否保持顺畅高效?

3. 营销管理需求

审计人员要运用市场营销的理论与方法,深入调查、分析组织的市场营销环境与市场营销活动的现状,发现面临的风险、威胁、衰退和组织发展的市场机会,帮助组织解决现存的问题,促进持续稳定地发展。例如,顾客与产品服务的变化、市场容量大小、市场占有率高低、竞争对手强弱、产品质量好坏、营销机构设置合理与否、营销策略与渠道的选择恰当与否、新产品上市的成功率多高等。

4. 生产管理需求

生产管理是组织核心竞争力的重要组成部分,对生产管理的高效、规范、有序起决定作用,生产管理的最终目的就是在于做到用最合理的投入获得最大效果的产出,进而取得最佳的经济效益。审计人员重点关注的内容有:生产管理系统、生产管理方法、生产计划、生产进度、生产质量、生产成本、生产安全措施等方面。

5. 财务管理需求

财务管理的对象是组织的资金及其运动,包括资金筹集、投资、耗费、收入、分配等方面。财务管理需求重点关注财务预算、资本结构、筹资方式、成本控制、资金成本、现金流量、盈利能力、偿债能力、营运能力、资金周转速度、投资风险、收益分配方案与业绩评价。

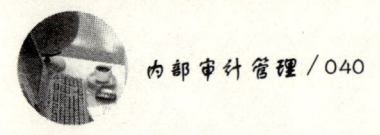

6. 人力资源管理需求

人力资源管理主要包括招聘人才、使用人才、培育人才、激发人才、留住人才等内容。具体工作有人力资源计划、人力资源招聘与选拔、入职教育与培训、员工职业规划、岗位分析、人力资源成本、雇佣管理与劳资关系、工资待遇与福利保障、业绩考核与职务升降等。

四、企业不同成长阶段的需求分析

1. 创业期

创业期的组织主要考虑的还是生存问题，战略方向不稳定，投机性与短暂性比较明显，更多考虑的是经营风险而非财务风险，组织的核心部门是技术部和销售部，职责划分以集权管理为主，流程不确定，制度待建立、人员少、职责不明确，一人多能多岗现象比较普遍，内部审计机构的设置还没有提到议事日程上。

2. 成长期

组织成长期，百废待兴，处处都有审计发挥作用的机会。组织结构面临由集权向分权的转变，合理划分各个层级的权、责、利关系成为关键，制定营销策略、铺设营销网络、精细化的生产管理、筹措资金满足扩张需求、加强成本管理、降低产品成本、大规模的员工技能培训等，工作千头万绪。审计工作重点应该放在组织机构设计、内部控制制度设计、岗位工作职责与职权等方面开展评价，发挥审计咨询服务功能。

3. 成熟期

成熟期企业财务状况比较稳定，管理相对比较成熟，产品市场份额稳定，企业盈利水平稳定，现金流转顺畅，资产结构合理，各个方面都比较令人满意，但是也会出现原有产品已经饱和、生产能力出现过剩、企业效益开始下降、企业成本开始上升、管理出现官僚主义倾向等。同时，随着头脑发热、投资膨胀、多元化经营战略实施，潜在的经营风险、投资风险、政治风险、市场风险应运而生，审计发挥作用的领域和重点又发生了变化。

4. 衰退期

衰退期的特征表现为：内部斗争激烈，玩弄政治、经济手腕，大量的规则、制度流于形式，客户的反应不再受到重视，大量精力用在责任的相互追究上，资金链条断裂，生产过剩，产品积压。组织衰退时面临三种情况：一是寻求新的增长点，盲目发展、盲目投资，使资金链条断裂，企业破产；二是原有战略或产品没有随着市场的变化及时作出调整，使原有的核心业务失去竞争能力；三是转入正确的战略调整期，通过重塑组织远景规划，再造工作流程，重新规划工作架构，掌握市场焦点，不断创新业务，通过合理资金运作，获得利润增长的核心资源，将企业导入新的增长曲线。

五、企业财务危机不同阶段分析

一般来说，企业财务危机会经历如表 4 - 1 所示的四个阶段。

表 4 - 1 企业财务危机经历的四个阶段

潜 伏 期	发 作 期	恶 化 期	实 现 期
1. 盲目扩张 2. 无效市场营销 3. 疏于风险管理 4. 缺乏有效管理制度 5. 企业资源分配不当 6. 无视环境重大变化	1. 自有资本不足 2. 过分依赖外部资金 3. 利息负担过重 4. 缺乏财务预警作用 5. 债务拖延偿付	1. 经营者无心经营业务，专心于财务周转 2. 资金周转困难 3. 债务到期违约不支付	1. 负债超过资产，丧失偿付能力 2. 宣布倒闭

审计人员要敏锐发现组织面临的财务危机，正确判断财务危机所处的阶段，根据风险状况和管理薄弱环节，及时开展审计工作，特别是在潜伏期、发作期和恶化期三个阶段提出有价值的审计建议，发挥审计积极作用。

六、主要风险因素与环节分析

（一）法律风险

法律风险是由于企业不作为与乱作为的行为，出现实际行为与法

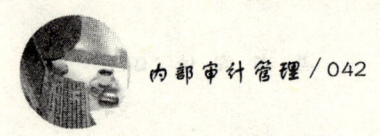

律规定的差异,从而导致企业承担不利后果的风险。民事责任包括违约与侵权等;行政处罚包括罚款、没收、暂扣、停业等;刑事处罚包括单位犯罪与个人犯罪。

(二)合同风险

合同风险主要是合同管理制度不健全、合同对方信誉不足、合同主体不具备法律资格、合同条款不完备、合同内容不合法、双方权利与义务未明确、合同履行起争议、合同语言表达模糊、合同标的质量低下、财务收款与付款结算等引起的风险。

(三)投资活动风险

投资行为违反国家法律,可能遭受外部处罚、经济损失和信誉损失;投资业务未经审批或超越授权审批,可能因重大差错、舞弊、欺诈导致损失;投资项目未经科学评估与论证,可能因决策失误导致重大损失;投资项目执行缺乏有效管理,可能因不能保障投资安全和投资收益导致损失;投资项目处置决策与执行不当,可能导致权益受损。

(四)工程项目风险点

立项缺乏可行性研究,决策不当盲目上马,难以实现收益或项目失败;项目招标暗箱操作,存在商业贿赂,导致中标人难以承担工程项目、中标价格失实及相关人员涉案;工程造价信息不对称,概预算脱离实际,导致项目投资失控;工程物资质次价高,工程监理不到位,项目资金不落实,导致工程质量低劣,进度延迟或中断;竣工验收不规范,把关不严,导致工程交付使用后存在重大隐患。

(五)货币资金风险点

货币资金管理(含账户管理)违反国家法律规定,可能遭受的处罚带来的经济与信誉损失；未经适当审批或超越审批权限，可能引发的错误、舞弊与欺诈；资金记录不准确、不完整，导致会计信息虚假；票据遗失、被盗、伪造以及非法使用印章引发资产损失和法律诉讼等。

（六）采购环节风险点

采购合同方面风险：虚假合同套取资金；价格虚高；合同条款表述不清，引发纠纷；合同条款执行不严，违约责任难以追究；商业贿赂行为，采购假冒伪劣商品。采购成本方面风险：前期采购费用失控；采购价格偏高；采购批量与批次不合理；质量等级使用不妥。

（七）资产管理风险点

资产积压与短缺，导致浪费与中断；使用效能低下与维护不当；资产保管不善；盘点工作不及时、不规范；资产处置不当；未经授权或超越授权。

（八）销售环节风险点

市场预测不准，销售策略不当，致使存货积压；客户信用管理不到位，引发债权债务纠纷；结算方式不恰当，致使账款回收不力；操纵价格，损害企业利益；合同条款不严谨引发法律纠纷。

七、年度审计计划

审计需求分析决定审计计划安排，审计计划实施决定审计成果。因此，在正确进行审计需求分析之后，审计计划的制订显得格外重要，审计计划不仅是审计需求分析的结果，更是审计工作发挥重要作用的前提保障。

年度审计计划制定时应考虑如下因素：

（1）本单位在一定时期内的中心工作。审计项目要服务大局、服务中心工作，围绕当前工作进行安排，通过审计工作的开展，有效促进

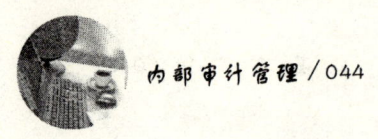
组织目标的实现。

（2）在确定审计项目时要充分考虑组织各个部门、各个领域的风险因素，并对风险因素进行排序，分清轻重缓急。通过审计评价，改善内部控制，较少风险，促进组织目标实现。

（3）考虑以前年度政府审计、民间审计和内部报告中发现存在的问题对本期的影响，在本期审计中应予以充分考虑。

（4）充分考虑审计机构、审计人员自身的审计能力，考虑审计时间的合理安排，考虑审计成本与经费约束。

年度审计计划的内容有：内部审计年度工作目标；审计项目的具体内容及先后顺序安排；各个审计项目分配的审计资源；后续审计的必要安排。

 **主要参考文献**

［1］中国内部审计协会.中国内部审计规范［M］.北京：中国时代经济出版社，2005.

［2］张庆龙.管理咨询理论与方法［M］.北京：中国时代经济出版社，2010.

流程与方法

第五章　内部审计流程

一直以来,理论界与实务界对内部审计流程与方法没有确切的说法,总是照搬照抄政府审计或民间审计,这是内部审计界的巨大欠缺,笔者抛砖引玉,以期与同行交流。但愿激起理论界研究的一朵浪花,但愿对实务界有所帮助。

一、审前准备工作

(一)整体内容框架

审前准备工作的整体内容框架如表5-1所示。

表5-1　审前准备工作的整体内容框架

基本流程	主 要 工 作	主 要 方 法	审计心态	被审心态
审前准备	1. 编制年度审计计划 2. 下达审计任务书 3. 组成审计小组 4. 编制项目审计计划 5. 组织审计前的调查 6. 编写审计方案 7. 下达审计通知书 8. 张贴审计告示	1. 审计调查方法 2. 审计分析方法 3. 审计判断方法 4. 审计沟通方法	1. 冲动心态 2. 畏难心态	1. 配合心态 2. 双重心态 3. 规避心态 4. 防范心态 5. 抵触心态

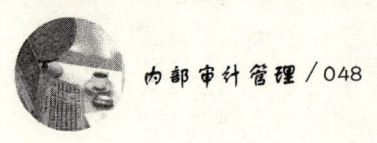

（二）主要工作

1. 编制年度审计计划应该关注的因素

单位组织年度内经济工作的中心问题，单位组织重大政策措施落实情况及存在的问题，经营管理中存在的突出问题和难点问题，群众普遍关注或反映强烈的热点问题，以往审计发现的比较突出、影响较大的问题，具体审计项目先后顺序安排，审计资源（人员数量、审计耗时与审计经费）的合理分配，后续审计的必要安排。

2. 项目审计计划内容

审计目标、审计范围、重要性、审计风险评估、审计小组构成、审计时间分配、专家与外部审计工作结果的利用等。

3. 审计前的调查内容

经营活动情况、内部控制设计与运行情况、财务会计资料、重要合同、协议及会议记录、上次审计结论、建议及后续审计执行情况、上次外部审计意见等。

4. 审计方案内容

具体审计目的、具体审计方法和程序、预定执行人及执行日期等。

5. 审计通知书内容

被审计单位及审计项目名称、审计目的、审计范围、审计时间、被审计单位应提供的具体资料和必要协助、审计小组名单、审计机构及负责人的签章和签发日期（附件包括：被审计单位承诺书、被审计单位提供资料清单、审计文书送达回证）。

二、审计实施工作

（一）整体内容框架

审计实施工作的整体内容框架如表5-2所示。

表 5-2　审计实施工作的整体内容框架

基本流程	主 要 工 作	主要方法	审计心态	被审心态
审计实施	1. 会谈与沟通 2. 内控评估的健全性测试 3. 内控评估的有效性测试 4. 计量与账户测试 5. 审计取证并形成工作底稿 6. 中期审计报告	1. 审计调查方法 2. 审计侦查方法 3. 审计判断方法 4. 审计取证方法 5. 审计推理方法 6. 心理博弈方法 7. 时间管理方法 8. 审计营销方法 9. 审计沟通方法	1. 速成心态 2. 拖延心态 3. 对抗心态	1. 配合心态 2. 应付心态 3. 厌烦心态 4. 防范心态 5. 抵触心态

（二）主要工作

1. 控制测试

（1）控制测试内容包括内部控制健全性测试与有效性测试。

健全性测试主要评价被审计单位各项业务活动是否建立了内部控制制度，各项内部控制制度是否符合内部控制的基本原则（全面、制衡、成本效益、权责利对称），控制环节是否设置齐全，关键控制点是否存在，控制强点与控制弱点。

有效性测试主要评价内部控制系统布局是否合理，有无多余和不必要的控制，关键控制点是否发挥作用，内部控制目标是否达到。

（2）控制测试方法有穿行测试（重新执行有关内部控制）和功能测试。询问相关人员、检查内部控制生成的文件和记录、观察被审计单位经营活动等控制测试方法也常用。

穿行测试：检查一项业务从头至尾的处理情况，以确认控制程序是否认真执行。一般采用顺查法，从凭证开始查到登记入账为止。

功能测试：查明制度执行是否发挥了控制作用，还要进行功能分析，注意是否存在多余制度（不经济、无效率、管理混乱）。

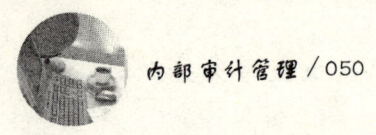

2. 实质性测试

实质性测试内容包括业务活动效益性测试和财务收支合法性测试。测试种类有分析性程序、交易测试、余额测试和列报测试。测试方法有：询问、观察、检查、监盘、函证、分析和计算。

实质性测试中关于重要性原则判断的考虑如下：

（1）绝对数。把某一特定金额作为重要性水平，而不考虑经营规模或业务量的大小。

（2）以错报金额占相关账户金额的百分比来比较判断错报是否重要。

（3）以错报金额占利润的百分比来比较判断错报是否重要。

（4）以错报金额占资产的百分比来比较判断错报是否重要。

（5）判断错报的性质（违法、舞弊）而不考虑金额大小。

3. 审计工作底稿与审计日志

审计工作底稿是审计业务的具体记录，其内容包括：被审计单位名称，审计事项名称，审计事项期间；审计事项描述与结果记录，审计结论，执行人姓名与执行日期，复核人员姓名、复核日期与复核意见，索引号及页次，审计标识。审计工作底稿应实行多层次复核。

审计日志是审计人员行为的过程记录，其内容包括：审计事项名称，实施的审计步骤与方法，审计查阅的资料名称和数量，审计人员的专业判断和查证结果，其他需要记录的情况。

4. 中期审计报告

中期审计报告是指在审计过程中发现重要问题，及时传达给高层管理者和被审计单位，以便他们迅速采取行动，纠正失误，减少损失。中期报告可以是书面也可以是口头，可以是正式报送也可以是非正式报送，非常灵活。

三、审计报告工作

（一）整体内容框架

审计报告工作的整体内容框架如表 5-3 所示。

表 5-3　审计报告工作的整体内容框架

基本流程	主 要 工 作	主 要 方 法	审 计 心 态	被 审 心 态
审计报告	1. 完成审计报告 2. 征求反馈意见 3. 领导审定报告 4. 审计建议 5. 整改通知 6. 审计告知 7. 审计决定	1. 审计写作方法 2. 审计营销方法 3. 审计推理方法 4. 心理博弈方法 5. 审计沟通方法	1. 批判心态 2. 放松心态 3. 畏难心态 4. 恐惧心态	1. 对抗心态 2. 干扰心态

（二）主要工作

1. 审计报告

审计报告基本要素包括：标题、收件人、正文、附件、签章和报告日期。正文内容有：审计立项依据、审计目的、审计范围、审计重点、审计标准、审计依据、审计结论、审计决定、审计建议等。附件包括对审计过程和审计发现问题的具体说明、被审计单位的反馈意见。审计报告重点说明：披露发现的情况，说明在什么方面出问题；对发现的情况进行描述，说明为什么出问题；提出改进建议，说明应采取什么整改措施；反映被审计单位意见与行动计划。

审计报告基本类型：一是满意（肯定、积极）审计意见；二是大致满意但有例外的审计意见；三是不满意（否定、消极）审计意见。

审计报告修订路径：审计报告草稿→审计人员修订→审计组长修订→部门经理修订→审计经理修订→被审计单位提出意见→领导审核→正式定稿以待发送。

2. 审计交流

审计交流包括：征求反馈意见、审计建议、审计整改、审计决定等。审计交流对事不对人，围绕问题开展细致深入交流。

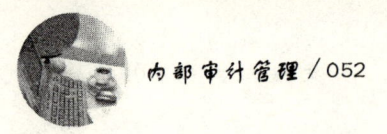
四、后续审计工作

（一）整体内容框架

后续审计工作的整体内容框架如表5－4所示。

表5－4　后续审计工作的整体内容框架

基本流程	主 要 工 作	主 要 方 法	审 计 心 态	被 审 心 态
后续审计	1. 听取整改汇报 2. 制定后续审计方案 3. 形成审计底稿 4. 编写后续审计报告 5. 扩散审计与规范管理	1. 审计取证方法 2. 审计判断方法 3. 审计写作方法 4. 审计营销方法 5. 审计沟通方法	1. 放松心态 2. 畏难心态	1. 抵触心态 2. 对抗心态 3. 从众心态 4. 侥幸心态

（二）主要工作

1. 后续审计中的三方职责

（1）审计人员职责：对被审计单位给予充分尊重，不把具体纠正措施强加给被审计单位；采取合适的方法确定被审计单位对审计发现是否采取了恰当的行动；向高层管理者报告其后续审计中的判断和评价；实施后续审计时尽量避免对被审计单位正常业务造成影响。

（2）被审计单位职责：配合、协助审计人员的后续审计工作；对审计报告作出及时、全面回复并对报告中提到的缺陷采取切实有效而持续的纠正措施；向审计人员和高层管理者汇报纠正行动取得的进展，并提出在纠正方法上的不同意见；选择最恰当的纠正方法。

（3）高级管理层职责：监控后续审计过程，鼓励被审计单位对审计报告作出回复；评审被审计单位的纠正措施，考虑其充分性和有效性；避免干涉内部审计人员的后续审计工作。

2. 制定后续审计政策

后续审计政策的制定必须做到：必须表明政策中的各项声明均得到企业最高权力层支持并以书面形式载明；政策应发给所有管理层的

主管；要求被审计单位必须在一定时限内对审计人员的发现和建议作出书面回复；要列示审计人员、被审计单位和高级管理存在后续审计中的职责。

3. 后续审计工作底稿

后续审计工作底稿包括：被审计单位对审计报告的书面回复，与被审计单位就回复中提到的纠正措施、存在缺陷进行探讨的回函，报告专递信和讨论有关审计报告事项的信函复印件，后续审计会议、电话备忘录以及文件审查、计算的书面资料，发送给被审计单位的其他信件、备忘录。

4. 后续审计报告

后续审计报告一般包括：审计目的，以前审计报告中的审计发现和建议，纠正措施，审查结果，被审计单位的审计回复，后续审计发现，后续审计评价。

5. 扩散审计

扩散审计是针对被审计单位以外的其他部门，是否也存在相同问题开展的审计工作，是否也开展了同步后续审计。

五、成果运用工作

(一) 整体内容框架

成果运用工作的整体内容框架如表5-5所示。

表5-5　成果运用工作的整体内容框架

基本流程	主要工作	主要方法	审计心态	被审心态
成果运用	1. 领导批示 2. 部门采纳 3. 通报与公告 4. 移送处理 5. 建立纠错机制 6. 审计档案管理	1. 审计营销方法 2. 制度建设方法 3. 档案管理方法	1. 忧虑心态	1. 对抗心态 2. 服从心态

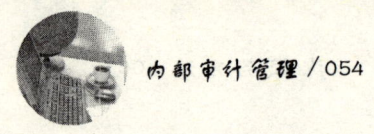

（二）主要工作

建立完善的审计公告与通报制度，积极争取高级管理层和各个被审计单位的支持。审计结果公告与通报工作必须加强。立项必审，审计必纠，结果必告，责任必纠。建立纠错机制和制度，审计一个项目，完善一项制度，教育一批干部。审计政策建议能得到适当管理层的肯定、采纳和应用，形成制度和政策，以达到防弊、兴利与增值之目的。

审计成果运用的具体体现：组织内部高层管理者对审计意见和建议的批示；职能部门对审计建议的采纳；相关责任人的移送处理。

$$审计成果运用 = 高层批示 + 部门采纳 + 移送处理$$
$$+ 建立健全政策与制度$$
$$= 防弊、兴利 + 增值$$

 **主要参考文献**

[1] 张彦. 内部审计[M]. 上海：上海财经大学出版社，2003.

[2] 中国内部审计协会. 中国内部审计规范[M]. 北京：中国时代经济出版社，2005.

第六章　审计技术方法

审计方法是为实现一定审计目标服务的,审计技术方法不仅仅是取证方法,审计方法是一个体系,是多种方法的综合使用。审计技术方法主要有思维方法、调查方法、分析方法、取证方法、沟通方法、侦查方法、判断方法和报告写作方法等。

一、审计思维方法

传统的审计思维就是查账,审计人员的工作就是千方百计寻找问题和漏洞,获取各种各样的证据。审计证据的充分性有余、相关性不足。审计就事论事,只注重当前的表面现象,而不关注现象的背后,不关注被审计单位未来的发展变化。

审计人员的多元思维包括如下内容。

(一)"一分为二"的辩证思维

审计人员对待被审计事项,既要如实揭露存在的问题和违纪违法行为,又要辩证分析存在问题的环境因素和客观条件,不要把问题简单归咎于被审计单位。同时要充分肯定被审计单位取得的成绩,肯定被审计单位在加强管理中取得的成效和进步,肯定被审计单位对待审计意见的积极态度、整改情况和行动方案。

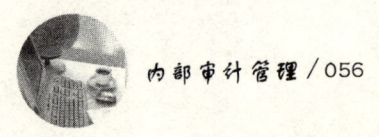

（二）透过现象看本质的思维

审计人员对待审计事项,在揭露问题的同时,更要注重分析深层次问题,从体制上、机制上查找原因,从健全财务管理制度上寻找对策。认真分析存在问题的制度环境,分析公司治理结构的缺陷和内部控制的缺陷,分析宏观经济政策制定的合理性与执行的有效性,进一步推动各级政府和有关部门完善制度、规范管理、加强整改,从根本上杜绝屡查屡犯的怪圈,从源头上规范社会经济行为,推进制度建设,服务宏观大局。

（三）发散思维

发散思维是指思考活动从一个基点开始发散,力求衍生出众多新设想的思维方式。在根据不充分的情况下,审计人员应尽可能地敞开思路,对问题作出一定的试探性的估计和设想,为进一步思考问题开辟道路。发散思维不是随便的猜测,要以事实和科学知识为依据;发散思维不需要等到有关的事实材料充分积累起来以后再进行;发散思维不要受到传统观念的束缚,更不要被思维定势所束缚。例如,发现现金的巨额支出,应该有多种考虑:归还债务、采购物资、支付费用、对外投资、挪用资金等。有效利用发散思维,可以为审计工作提供许多新的思路和有价值的信息。审计工作中职业怀疑就是要充分利用发散思维方式。

（四）反向思维

反向思维是指当从一个方向思考和解决问题受阻时,可以从相反的方向加以考虑。反向思维的具体做法有:把事物的作用过程倒过来思考,把事物的重要结果倒过来思考,把事物的某个条件倒过来思考,把某种方式倒过来思考等。在审计过程中,当从一个渠道无法取得审计证据时,可以考虑从其他渠道取证;当审计人员无法取得审计证据时,可以考虑让被审计单位提供直接证据支持已有结论。例如,1998

年大洪水过后,武汉特派办在工程审计中,当书面资料无法证实已有的事实时,运用"审山审船审老天"的办法,就是典型的反向思维方式。

(五)换位思维

换位思维是把对同一事物或现象从另外的角度加以观察和思考,以求获得新的认识或设想的思考方法。学会换位思考,首先要避免自我封闭,其次要注意选择新视角,思考角度不同,就可以看到事物的不同方面。"横看成岭侧成峰,远近高低各不同"就是这个道理。审计干部对待审计事项,不要总是站在自己的立场看问题,要经常换位思考,从党委政府的决策和管理角度思考问题,从被审计单位的执行和管理角度思考问题,从广大人民群众的切身利益和需求角度考虑问题。这样一来,我们的审计报告和专项审计调查才有力度、深度和广度。

以上思维都涉及一个打破思维定势的问题。所谓思维定势,是指人们在反复思考一个问题时,会习惯地依据自己已有的知识和经验,按照一种固定的思考程序,重复同样的思路。审计人员的思维定势一般是:寻找证据→揭露问题→得出结论。找不出问题誓不罢休,审计报告一定要显示问题和缺陷。这是审计人员常规的思维定势,这种定势一定要打破。

二、审计调查方法

毛泽东同志曾经在《反对本本主义》中指出:没有调查,就没有发言权。调查就像"十月怀胎",解决问题就像"一朝分娩"。调查是为了解决问题。调查技术包括的内容很多,例如:要开调查会作讨论式的调查;调查会到些什么人(老幼及社会各阶层人士)? 开调查会人多好还是人少好(取决于调查人的指挥能力)? 要定调查提纲(大纲与细目);要亲身出马;要深入;要自己作记录。

审计现场的大量工作应该是在审计调查上而不在审计取证上。目前审计人员把大量时间花在审计取证上,对于审计调查只是走过场、图

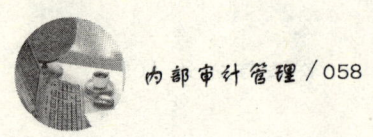

形式,这是本末倒置。无论是审计前的准备、审计的实施过程还是审计结果沟通,都需要大量的反复的审计调查。本章研究的调查方法是指一般审计项目的调查,与十四章的审计调查还是有区别的,一般审计项目的调查方法主要如下:

(1) 观察法(账外信息法)。观察法是"跳出"会计资料,从"账外"捕捉信息。该方法没有固定格式,处处留心,见机行事,灵活多样。

(2) 询问法。审计工作要创造相互理解、相互信任的和谐气氛。审计人员要面带微笑,语言甜美。问题的存在大多数是管理引起的,管理的缺陷有决策层和管理层原因,也有具体实施人员的原因。审计人员最好的办法是引导被审计人自己分析、自己找缺点。避免主观假设、仓促下结论,充分体会被审计人意图、目的和困难,客观分析缺陷形成原因,淡化双方的对立情绪,在感情上与被审计人产生共鸣。提问应注意技巧,善于倾听、耐心倾听。

(3) 函证法。函证对象的选择主要关注关联方、往来单位、银行、账户余额,同时加强对函证过程的控制。

(4) 审计会议法。参加人员包括高层、中层管理人员,纪检、监察人员,被审计当事人和代表群众。加强审计前、审计中、审计后三纬立体会议沟通。

(5) 问卷调查法。问卷涉及规定"动作"与自选"动作"调查,注重各部门、各环节风险因素调查。

(6) 现场走访。询问＋观察＝现场走访。了解业务细节,列出访谈提纲,避免录音,创造相互信任气氛。

三、审计分析方法

(一) 财务分析方法

财务分析方法是以单位财务报告和其他相关资料为主要依据,对单位财务状况和经营成果进行分析判断,关注异常变动和异常项目,调查产生重大差异的原因,评估差异的合理性。财务分析方法主要有趋势分析法、比率分析法、因素分析法、成本效益分析法和综合指标分析法。

（二）问题分析方法

问题分析法是把抽象的总括性问题，分解成可以验证的具体子问题，子问题应"相互独立，完全穷尽"，子问题的排列可以按照时间顺序、结构顺序、重要性顺序和演绎推理顺序排列，然后把子问题归纳组装起来，是一种从抽象到具体的过程。问题分析法的核心是构建问题树，在问题树上，每个问题可以分解成若干子问题，分解成可以用事实进行验证的问题。审计人员根据需要进行证明或证伪的问题，安排审计任务，制订审计实施方案，搜集证据分析证据，对各个子问题进行事实检验，根据检验结果得出审计结论，形成审计报告。

（三）系统分析方法

系统分析法就是运用系统的思想、观点和方法，对审计对象进行分析研究，以不重复方式进行独立的调查与评价。系统分析法注重整体性、结构性、层次性和因果关系，把被审计事项放在一个更高层次开展研究，不仅关注被审计事项本身的运行绩效，还要关注影响绩效的外在因素，关注分析政治决策的总体目标、方针、政策和社会事业；关注分析行政组织结构、预算体制和法律法规；关注分析行政管理系统内部的资源分配、规划制订和监督检查。面对绩效低下原因，提出完善政策、体制、制度和管理方面的审计建议。系统分析法不适于追究当事人责任，因为绩效低下是多个组织运行和制度层面的问题，无法界定责任，也无须承担相应责任。严格意义上讲，系统分析方法是一种创造性极强的研究活动，需要审计人员开发或提出新的评价标准、评价方案和评价程序。

四、审计取证方法

（一）书面资料审阅方法

（1）核对法。核对记账凭证与原始凭证（内容、数量、日期、金额

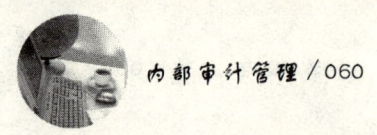

等)、核对凭证与账簿(日期、会计科目、金额、方向等)、核对明细账与总账(期初余额、本期发生额、期末余额)、核对账簿与报表、核对报表与报表。

(2) 审阅法。审阅会计资料完整、齐全、正确;审阅经济活动真实、合法、合理。

(3) 复算法小计、合计、乘积、余额,通过复算发现差错。

(4) 比较法。实际与计划比较、本期与前期比较,通过比较发现差异。

(二) 客观实物证实方法

(1) 盘点法。采取恰当的盘存方式,突击式盘点(现金和贵重物品)与预告式盘点(一般物资);选择合适的盘点时间,在营业或工作开始之时与之后;健全有关手续,明确有关责任。

(2) 调节法。通过调节确认结账日财产实物的实存数。

(3) 鉴定法。聘请信誉、好有影响力的专家,对专业事项进行鉴定。

五、审计沟通方法

由于审计人员与其他人员的角色地位不同以及角色的转化形成了人际关系的冲突。冲突的产生来自各自价值观、利益观的不一致,来自职业道德信念的差异,来自对同一经济事项的认识分歧,来自相关信息的不畅通。因此,审计沟通显得十分重要。

从环节上划分,审计沟通有:事前沟通(下发审计通知书、张贴审计告示、座谈会等)、事中沟通(个别谈话、资料交流、意见交流等)和事后沟通(结果沟通、审计报告意见征求、管理建议书、审计决定书、审计通报等)。

从方式上划分,审计沟通有:口头沟通(询问、会谈、调查、讨论、会议、征求意见等)和书面沟通(问卷调查、审计通知书、内外审计协调报告、管理建议书、审计报告等)。

审计沟通的主要类型包括,语言沟通(书面语言和口头语言)、非语言沟通(肢体行为、眼神与动作)、人员沟通(审计人员与相关人员沟通,主要方式是倾听)和组织沟通(审计部门与上、下、左、右、内、外等部门沟通)。

沟通的基本原则要把握好以下两点:

一是原则性与灵活性的统一。审计人员在处理人际关系时,一定要坚持基本审计原则,任何时候不可违背,在原则的基础上还要有灵活性,灵活性是在非原则问题上不要斤斤计较,而是以坦荡的胸怀、豁达的心境,体谅对方、谦让对方。

二是注重人际沟通的艺术。在沟通中,要充分了解对方的心理状况,要给对方一定的"台阶"和"面子";注重沟通频率,适可而止;对领导一律尊重,对群众一视同仁。

对于人际关系的各种冲突,化解的方法有:① 暂时回避,寻找适当时机进行协调;② 在原则范围内适当妥协;③ 说服、劝导,争取当事人对审计制度、审计工作的理解和支持;④ 耐心、认真倾听当事人的心声,充分运用口头语言、肢体语言、书面语言进行充分沟通,争取相互理解,实现互相协作;⑤ 向适当的管理层汇报,寻求协调支持。

六、审计侦查方法

据《现代汉语词典》解释,"侦"是探听、暗中察看的意思。"查"是检查、调查的意思。审计侦查与"公检法"的侦查,既有相同之处,也有不同之处。"公检法"的侦查,涉及收集证据、查明犯罪事实、确定犯罪嫌疑人、对犯罪嫌疑人采取强制措施等环节,而审计侦查只限于发现证据、收集证据、勘验证据、鉴定证据、评价证据和查明事实,审计侦查没有扣押、搜查、冻结、查封、拘传等强制措施。侦查就是不公开而为之,要隐蔽意图、隐蔽身份、隐蔽手段方法,但是审计侦查不能隐蔽身份。审计侦查就是隐蔽审计人自己的真实意图,不让被审计人意识到,隐蔽

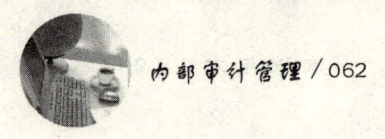

审计人的技术手段与方法,不让被审计人察觉到,最大限度减少审计过程的各种障碍,进而尽快查清事实真相。

信息导侦是重要的侦查方法,审计线索的来源靠三报:举报、读报、情报。举报就是要紧紧依靠广大群众,依靠群众、发动群众的积极性提供线索。读报是广义的,网络、电视、报刊等新闻媒体反映出来的都是重要的信息来源。情报就是审计部门要建立自己的信息库资料:包括法律法规、会计制度、市场价格、行业数据、金融政策、财务资料、历史资料、以前的审计报告资料等方面。

审计侦查途径有三种:一是由"事"到"人"的侦查途径,从具体业务的因果关系、舞弊行为的规律、舞弊手段等方面入手。二是由"物"到"人"的侦查途径,从会议纪要发现破绽、从原始发票发现马脚、从实物现状发现疑点、从笔迹印章发现异常等。三是由"人"到"事"的侦查途径,从董事长、总经理、财务总监、财务经理、会计主管、出纳员、保管员、采购员等入手发现线索。

审计侦查要注重策略,侦查策略要讲究灵活性,攻其不备、出其不意;声东击西、暗度陈仓;抛砖引玉、引蛇出洞;离间同盟、分化瓦解;虚张声势、草木皆兵;以子之矛、攻子之盾;将计就计、欲擒故纵;调虎离山、以逸待劳;瞒天过海、麻痹大意。

此外,随着审计实践的发展,鉴定与勘验技术也越显重要,发票的真伪、笔迹的真伪、印章的真伪和会计资料的真伪,都需要审计人员开展鉴定工作。

七、审计判断方法

审计是一种高智商的工作,经常要运用取证、判断、推理来核定事实,在一定程度上审计与被审计之间是一种智慧的较量。审计判断是审计人员根据专业知识和经验,通过识别和比较,对审计事项和自身行为所做的估计、断定或选择。审计判断具有目标性、主观性、经验性、风险性和连续性。审计判断要肯定对象具有某种属性,或者否定对象具有某种属性;审计判断要肯定对象与事实符合或与事实不相符合,有真假之别。

审计判断方法主要如下:

(1)直觉判断法:是审计人员运用已有的知识结构,运用对事物运行规律的把握,对当前需要判断的事项作出分析和推论,直觉判断法是建立在审计人员丰富实践经验基础之上的,如频繁巨额的现金交易行为可能存在的舞弊,内部控制的薄弱可能导致的风险发生。

(2)性质判断:是断定对象具有或不具有某种性质的判断。例如:会计报表的公允性判断、内部控制的有效性判断、经济业务的效益性判断、书面证据的真假性判断等。

(3)联言判断:是断定几种事物情况同时存在的复合判断。例如:会计报表公允性与合法性判断;建设项目经济性、效率性与效果性的判断等。审计报告的结论一般都是联言判断。

(4)相容选言判断:是断定事物若干可能情况中至少有一种情况存在,并且可以同时存在的选言判断。例如:会计账面成本降低现象的原因分析,可以是企业节省开支、或者企业提高效率、或者是相关材料市场价格降低、或者是会计人员漏记成本支出等。

(5)不相容选言判断:是断定事物若干可能情况中,有并且只有一种情况存在的选言判断。所谓"不相容"主要是指选言支断定的事物情况不可能同时并存,或者说选言支不可以同时为真。例如:审计人员对同一事项的询问,会计和出纳的不同回答,不可能同时为真。

八、审计报告写作方法

审计写作方法主要体现在审计报告中,而审计报告的阅读对象大部分是非审计专业人士,所以,审计报告的写作应注意运用通俗语言,语句和段落要短小,使读者一目了然。审计报告尽量使用主动语态,减少被动语态应用,使读者通俗易懂。方便的话使用图表以增强趣味性、可读性和灵活性。

审计工作报告与审计公告是目前向组织单位公开的两种主要形式。审计工作报告是年度审计工作的概括与总结，其主要对象是组织单位的高层管理机构，目的是服务于高层监督，其写作应该体现全面性、整体性和综合性，突出体现审计机构的审计依据，审计机构履行了哪些职责、履行职责的效果如何；审计工作报告应体现被审计对象中所审计事项职责履行情况与审计发现问题；审计工作报告还应体现上年审计发现问题的整改情况及屡审屡犯的问题。总之，要跳出圈子、抓住点子、体现效益；体现审计的整体性、宏观性和建设性；深化审计成果，提升审计报告思想内涵。审计公告主要披露单个审计项目信息，主要对象是组织单位内部的广大群众，主要目的是服务于群众监督与舆论监督，其写作应具体详细，对审计工作报告具有注释功能。

审计报告不仅要描述被审计事项，说明审计依据和审计标准，更要积极开展审计评价与责任界定。审计报告的写作要注意防范审计机关的风险，对于未经审计验证的数据资料，坚决不予评价，坚持审计什么、评价什么，否则就会增加审计机关风险。审计报告的写作还要注意防范超越审计内容与范围进行评价，避免与其他职能部门报告内容的重复与矛盾，维护审计报告的权威性。

审计评价，是审计人员根据审计过程中查明的结果，对照审计标准，以事实为依据，以法律、制度为准绳，站在客观公正的立场上，对被审计单位的经济活动与业务活动所作出的结论性评定。在评价的角度上，不仅从被审计单位的微观角度评价决策、管理与执行，还应该从中观或宏观角度评价体制、机制与政策；在评价方式上，不仅对每一个审计事项开展单项评价，还应该在单项评价的基础上开展专题评价与综合评价；在评价的方法上，既要进行一般的定性评价，还要进行定量评价；在评价的类型上，既要有肯定评价，也要有否定评价，在否定评价中，还应该进一步区分错误与舞弊、违纪与违法、主观因素与客观因素等。

在责任界定中，应正确区分集体责任与个人责任，区分现任责任与前任责任,区分主观责任与客观责任,区分过失责任与故意责任,区分涉嫌经济犯罪与牵连责任。在责任界定中,不能超越相关法律法规赋予审计机构的职责与权限范围;经济责任界定要权责匹配,不能有权无责,造成界定缺位,也不能有责无权,导致界定越位;责任界定要有充分、可靠、确凿证据,证明相关责任人在经济活动中有无责任和应该承担什么样责任的证据,这与财务收支审计证据不是同一概念;责任界定必须历史地看问题,不能脱离当时、当地社会政治经济环境,不能用现时的政策与眼光去衡量;责任界定要按照科学发展观与和谐社会要求,客观、辩证、发展地评价,不仅关注动机,还要关注实际效果与未来发展。

 **主要参考文献**

[1] 董大胜.中国政府审计[M].北京:中国时代经济出版社,2007.

[2] 汤效禹.心理学在审计实践中的运用[M].北京:中国时代经济出版社,2007.

[3] 王宝庆.现代内部审计[M].上海:立信会计出版社,2007.

[4] 审计署审计科研所.中国审计研究报告[M].北京:中国时代经济出版社,2008.

第七章　审计管理方法

　　审计管理方法是审计技术方法实现的有效手段，是审计质量的重要保证，主要审计管理方法有管理模式、组织模式、计划管理、团队管理、营销管理、建议方法、时间管理和人员自我管理。

一、管理模式："要我审计"与"我要审计"管理

　　从目前开展内部审计的情况来看，内部审计管理模式存在"要我审计"与"我要审计"两种。"要我审计"模式是一种强制性、"自上而下"式的管理，是法律法规与行政的强制。在这种模式下，组织内部审计机构是强制设立的，审计项目的选择是被动的，要么是上级管理机构强制安排，要么是组织内部为应付检查而开展的流于形式的审计项目，高层管理者并不重视审计建议，审计效果的发挥作用有限，审计只是一个"花瓶"而已。"我要审计"模式正好相反，是一种非强制性、"自下而上"式的管理，并非是法律法规与行政的强制。在这种模式下，组织内部审计机构是自愿主动设立的，审计项目的选择是自主自愿的，项目的选择非常具有灵活性，审计项目伴随着管理目标的需要而设立，高层管理者非常重视审计建议，并强制被审计部门无条件执行审计决定。这种模式对审计人员素质和职业水平要求很高，对审计报告的质量要求也很高，审计要么是充当"看门狗"防范风险，要么是充当"猎犬"寻找证据。审计人员要正确认识自己在组织内部的地位，正确发挥应有作用，不要

错位。

二、组织模式：项目管理式与过程参与式

项目管理式指的是审计工作有目的、有重点地将某一部门、环节、物资、项目纳入年度审计计划，形成特定的审计项目，从计划、立项、程序、方法等环节，都有预定的规范程序与要求。过程参与式是审计人员参与业务经营管理的全过程或部分重要过程，使审计工作实现经营管理审计的日常化，审计工作已经是经营管理中的重要环节，没有审计的监督检查与审批，经营管理活动就无法进行下去。一个组织内部究竟实行哪一种模式，完全取决于高层管理者的需求和对审计工作的认识水平。

三、审计计划管理

1. 审计需求分析

需求分析是计划管理的前提，分析判断不准确，再好的计划也是枉费心机。因此，在计划管理开始前，要进行准确的需求分析，包括政府需求分析、企业高层需求分析、企业发展不同阶段需求（成长期、成熟期、危机期、扩张期等）、各个管理层需求分析以及顾客需求分析，具体内容可参考第四章。

2. 审计计划项目选择

审计计划项目选择要重点关注单位组织年度内经济工作的中心问题，单位组织重大政策措施落实情况及存在的问题，经营管理中存在的突出问题和难点问题，群众普遍关注或反映强烈的热点问题，以往审计发现的比较突出、影响较大的问题，重大经营风险和管理风险等方面。

3. 审计介入选择

审计介入选择包括时间介入、业务流程介入、审计对象介入三个方面。恰当的审计介入可以起到意想不到的效果。

扁鹊，战国时期人，是我国古代的名医，他创造了"望、闻、问、切"四

种疾病诊断方法。之所以被人们称为"扁鹊",是指他行医走遍半个中国,像喜鹊一样解除人民的疾苦,给人们带去吉祥。历史记载魏文王问名医扁鹊说:"你们家兄弟三人,都精于医术,到底哪一位最好呢?"扁鹊答:"长兄最好,中兄次之,我最差。"文王再问:"那么为什么你最出名呢?"扁鹊答:"长兄治病,是治病于病情发作之前。由于一般人不知道他事先能铲除病因,所以他的名气无法传出去;中兄治病,是治病于病情初起时。一般人以为他只能治轻微的小病,所以他的名气只及本乡里。而我是治病于病情严重之时。一般人都看到我在经脉上穿针管放血、在皮肤上敷药等大手术,所以以为我的医术高明,名气因此响遍全国。"

扁鹊经验对审计工作的启示:一是审计的技术方法,检查、盘点、询问、分析等,概括起来就是"望、闻、问、切"四个字,审计和行医一样,要像扁鹊一样,解除各个部门的疾苦,给人们带去吉祥而不是麻烦;二是审计的正确切入时间非常重要,审计进入时间太早,领导和被审计部门不理解、不支持、不领情。审计进入时间太晚,马后炮、事后诸葛亮,审计报告变成了"验尸报告",不能发挥建设性作用。恰如其分的审计介入,不仅能得到领导和被审计部门的大力支持,还可以预防风险发生,提早避免损失浪费。

4. 审计能力分析

审计计划管理也包含审计能力分析,选择的审计项目再好,审计介入再恰当,但是如果审计人员的能力有限、审计人员数量不足、审计成本过高、审计时间有限,审计阻力很大,审计工作依然做不好。审计计划管理要加强审计时间的管理,正确分配审计项目需要时间,充分评估审计人员自身的审计工作能力,合理安排审计工作量,努力降低审计成本,合理安排审计项目的优先顺序,最大限度提升审计能力。

四、审计团队管理

(一)团队管理的一般注意事项

审计人员最好是招聘具有 CPA 或 CIA 职业资格的人员;人员经

历,应该是在组织内部经历了管理岗位、技术岗位和财务会计岗位,懂管理、经营、财务等方方面面的专业知识;适时的岗位技术培训与相关业务知识培训,不断提升审计工作的综合业务能力与沟通协调能力;审计团队的搭配,应该注重男女搭配与老少搭配,男女搭配互补思维差异,老少搭配互补经验差异;加强审计业务的业绩考核,计算一元审计成本带来的经济效益;注重待遇与薪金,留住优秀审计人才,积极提供晋升机会,同时为组织培养输送高级优秀人才。

(二)审计团队类型

1. 全权负责制

全权负责制审计团队类型的结构如图 7 - 1 所示。

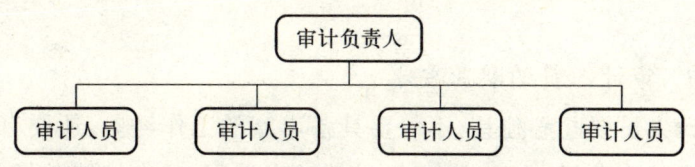

图 7 - 1　全权负责制审计团队类型结构

2. 责任分工制

责任分工制审计团队类型的结构如图 7 - 2 所示。

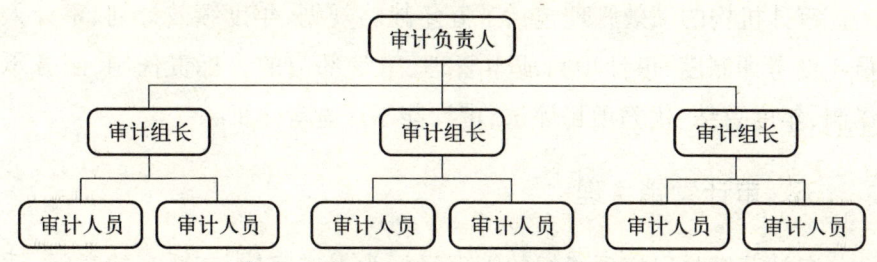

图 7 - 2　责任分工制审计团队类型结构

3. 竞标责任制

竞标责任制审计团队类型的结构如图 7 - 3 所示。

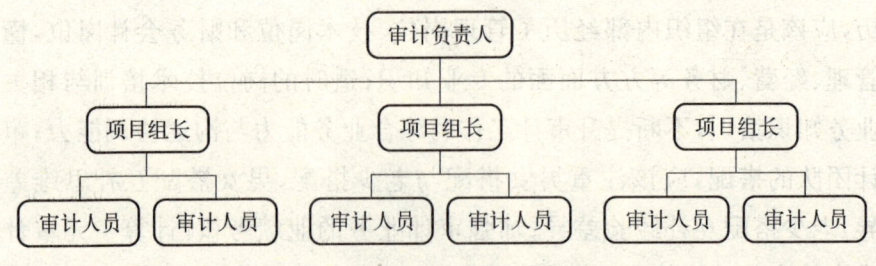

图7-3 竞标责任制审计团队类型结构

（三）审计组长的职业要求

审计组长要有海纳百川的能力，精通审计、财务、管理等多方面知识，具备宏观、管理、深层方面的战略意识；积极热情，具有感染力和带动力，能做、敢做；尊重每一个审计人员，尊重上级管理层与被审计层；具有较强的沟通能力、沟通技巧与倾听的耐心。

（四）审计人员的职业要求

审计人员要匠心独具，不仅要具备丰富的工作经验，还要有丰富多彩的职业教育背景，多层次、多学科的教育学历，具有持续胜任能力、挑战能力、创新能力与抗压抗挫折能力；性格开朗豁达。

（五）审计机构的绩效管理

审计机构的绩效管理包括了五年战略规划、年度绩效计划、审计人员年度考评制度、审计项目成本管理、审计部门的目标责任制、服务承诺制、年度总结、优秀项目评选、审计能手评选等方面。

五、审计营销管理

审计营销是以实现组织的管理目标为根本宗旨，在适当的时间、适当的地点，以适当的服务内容和适当的沟通手段，向高层管理者与被审计部门提供适当的思想、理念、信息与建议，将审计关系的维系和管理融入各项工作之中的过程，从而实现组织的价值增值。

毛泽东在《论反对日本帝国主义的策略》(《毛泽东选集》第一卷)中说：长征是宣言书。它向全世界宣告，红军是英雄好汉，帝国主义和蒋介石等辈则是完全无用的。长征宣告了帝国主义和蒋介石围追堵截的失败。长征是宣传队，它向十一个省内大约两万万人民宣布，只有红军的道路才是解放他们的道路。长征是播种机，它散布了许多种子在十一个省内，发芽、长叶、开花、结果，将来是会有收获的。审计工作也是如此，正确审计理念的树立和审计建议的贯彻落实，单靠管理高层和被审计部门，那是痴心妄想、白日做梦，审计营销完全靠我们审计人自己，每一个审计制度的建立就是一部宣言书，每一个审计小组的工作就是一个宣传队，每一个审计项目的完成就是一个播种机，时时营销、事事营销、世世营销。

审计营销应关注营销识别、理念营销、制度营销、工作营销、信息营销与结果营销。营销识别包括心理分析识别、环境分析识别与需求分析识别。理念营销就是注重宣传，攻心为上，宣传审计、理解审计、支持审计，由"要我审计"转向"我要审计"。制度营销就是游戏规则的制定，明确领导层、被审计部门与审计组织的权利、责任与义务。工作营销体现在内部控制与风险评估定期测评的通知、报告、公示等方面。信息营销体现在审计信息发布，包括审计简报、审计要情、审计工作动态等。结果营销就是审计结果的运用，体现在对审计意见的领导批示与部门采纳两个方面，实现决策的科学与制度的完善。

六、审计建议方法

关于建议方法，我们先看一个历史上唐太宗与魏徵的故事。

唐太宗李世民杀兄逼父、篡得皇位，为改变形象，实行了广为纳谏的方法。纳谏可以集思广益，有利于国家的长治久安，同时能够树立宽宏、容人的新形象。这一点他做到了，而且做得很好。李世民即位后，任命魏徵为谏议大夫。魏徵爱岗敬业，拼命工作，给李世民提的意见，见于史书记载的应有 200 多条。他的特点是敢在皇上面前据理力争，意见有顺耳的，也有逆耳的。有时李世民觉得很没面子，当场发火，魏徵还是神色不变，继续讲理。一次李世民退朝回到宫中，怒气冲冲地说："总有一天我要杀了这个乡巴佬！"长孙皇后问杀谁。他说："魏徵又当着众人的面给我提不同意见，这简直是在侮辱我。"长孙皇后反应很快，说："魏徵忠直，说明陛下是明主，可贺可贺。"李世民听了，火气才平下去。人都是有自尊心的，更何况封建帝王。但李世民有一块心病，他已经杀了一奶同胞的兄弟，还能再杀谏议大夫吗？只能忍气接受谏诤。魏徵正是看准了这一点，才敢犯颜直谏的。结果，君臣两人都在历史上留下了美名。

皇帝善于听从臣下规劝，改变自己主张，难度有多个方面：人性弱点，愿意接受表扬不愿意接受批评（尊严、颜面）；权力弱点，权力高低与能力成正比（君主曲己从人，会被认为是能力弱的表现）；公私纠葛，政府信誉、国家利益与个人利益、感情（大我与小我）。慈禧曾留下很有代表性的话："谁让我一时不痛快，我就让他一辈子不痛快。"

魏徵进谏成功的经验：敢于进谏、善于进谏、能够进谏；魏徵进谏成功的因素：来自民间、深知民间疾苦，博览群书，性格刚直、不屈不挠，有胆量更有智慧，不仅有进谏热情，还掌握进谏技巧。魏徵进谏技巧：敢于提意见、善于提意见，能把道理说清说透，因势利导，充分利用表扬的方式达到帮助皇帝改正错误的目的。魏徵批评皇帝的做法，是以表扬为前提。寓批评于表扬之中，容易让领导接受，毕竟领导只有接受之后才能改正错误。魏徵进谏，从立意到证据到劝说角度，都有完好搭配。既有利于国家未来发展，又有利于皇帝思考，最后有利于皇帝改正。当唐太宗表扬魏徵的时候，魏徵都一定强调，是皇帝引导求谏，所以才敢进谏。

给领导提意见为了什么？如果是为了显示自己的能耐，显示自己比领导高明，那就大错特错，适得其反，往往会陷入意气之争。关键在于把事情做好，不是为了显示自己，而是为了共同事业。魏徵去世后唐太宗说："夫以铜为镜，可以正衣冠；以古为镜，可以知兴替；以人为镜，可以明得失。朕常保此三镜，以防己过。今魏徵殂逝，遂亡一镜矣!"

有句成语叫"拾遗补阙"，在唐代拾遗和补阙都是为皇帝服务的谏官的名称。拾遗指皇帝遗忘了什么，可以提醒他；补阙指皇帝有什么过失，要替他弥补。这两个官职是在武则天当政时设置的。有左右拾遗、补阙各2人。左拾遗、左补阙隶属门下省，右拾遗、右补阙隶属中书省。

重述以上故事的目的是为了提醒审计人员，审计报告不是"打小报告"，不是"挑刺"。审计报告就是向领导和管理高层"进谏"的过程，审计报告就是"拾遗补阙"的过程。但是再好的审计报告，如果向领导和管理高层的建议方式不得当，就会功亏一篑，因此建议方式非常重要。审计建议的出发点要从宏观大局考虑，有利于单位组织的健康发展、有利于领导管理目标的实现；审计建议的具体措施要有利于领导和被审计单位开展实施；审计的结论要使领导和被审计单位都有充足的面子。审计建议是审计人员针对审计发现的问题，为被审计单位提出改进的措施和办法，为政府相关部门提出完善政策制度的建设性意见，根本目的是服务于宏观调控，发挥建设性作用。审计建议要有的放矢、针对问题；审计建议应具有前瞻性和宏观性，建议应立足当前，着眼于未来，符合经济发展规律，符合经济改革方向，从宏观上完善政策制度，健全管理机制；审计建议应具有可操作性，在当前环境条件下，有利于操作执行。

七、审计时间管理

时间管理就是有效地利用时间，在最短的时间，采用恰当的方法，做出最高的效率，以实现特定的目标。时间管理的一个经典游戏：桌上放有两个大小相同的类似水盆的容器和六七块大小不一的石头。其中一个容器中盛有一大半的细沙，另一个容器是空的。现在让你把所有石头和所有细沙都放到那个空的容器中，但条件是细沙和石头都不能冒过容器的上端平面，你会怎么做？有的人会先把细沙全倒入空容器中，然后费了九牛二虎之力也无法将所有石头都塞进细沙里而达到

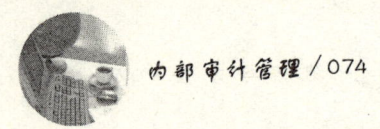

规定的条件。可如果你先把所有的石头都放进空容器中,然后倒入细沙,再摇一摇容器之后你会发现,你已经轻而易举地完成了任务。在这个游戏中,容器象征着我们每个人有限的时间,或是一天或是一生;细沙象征着那些每天纠缠着我们的似乎永远也忙不完的琐事;石头象征着那些关乎我们人生效能的重要大事。这个游戏说明,倘若我们总先忙碌琐事,那么就很难成就大事。而如果我们能做到要事第一,那么处理起琐事来也会游刃有余。

审计的时间是非常宝贵的,审计工作的时间管理要把握好五个环节:确立目标、适当授权、审计时点进入、审计项目优先次序安排和审计时限把握。

审计工作不能只埋头拉车,还要学会抬头看路,明确内部审计工作的目标是适当性、合法性与效益性,并且要把总体目标细化到具体审计项目中,把总体目标切割成若干个小目标,并且要设定完成具体目标的时限,有实现期限的才能成为目标,没有实现期限的只能是梦想。确立审计目标,还要盘点审计自身的资源和能力,审计时间是否充裕,审计经费是否充裕,审计人员是否足够,审计能力是否胜任等。确立审计目标也要充分认识审计过程中遇到的障碍,业务的复杂程度,人际关系的复杂程度,并有明确具体可行的应对措施和办法。目标明确、方向无误,时间管理的效率才能得到根本性提高。

审计小组是一个团队,审计工作中就要注意发挥团队的力量,时间效率是审计小组整个团队的效率,不是哪一个审计人员自己的效率,因此审计组长要学会充分授权,把每一项审计工作授权给最适合的审计人员来完成,必要时可以把不重要、不紧急的事项委托给被审计部门和人员来完成,以最大限度节约审计时间。与审计授权相伴的一个重要活动就是审计沟通与协调,通过有效沟通与协调,使授权正确行使并有效执行,以提高审计工作效率。

审计时点的进入也非常具有艺术性,在审计通知书下发的时点控制、审计简报信息的适时发布、审计决定的及时性、审计进点时间的把握、与被审计人员沟通时点的选择等方面,审计人员都要结合具体情况,选择恰当的进入时点。审计时点选择得好就会起到意想不到的效果,反之会影响审计工作效率。

审计项目优先次序安排,首先要把事情区分四种类型,重要紧急、重要不紧急、不重要紧急和不重要不紧急。当事情进来,先归类判断是属于哪一类,就知道要不要花时间或花多少时间是适宜的。重要紧急的事马上做,如重大舞弊事项发生与重要经营风险发生,审计工作必须马上介入。其次是做重要而不紧急的事,这一类的事情影响深远,如果一再拖延,会变成重要又紧急的事,所以应该拟定具体目标和化整为零的计划,按时完成。然后是紧急但不重要的事,如没有事先约好的访客或打来闲聊的电话,则应长话短说,或每天留一些空白时间来处理这类的事,或由替代方式处理。最后一类是不重要也不紧急的事,可以不管或委托其他人员完成。

审计时限的控制是指完成审计工作的时间限制,主要有工作底稿完成时限、审计现场时间控制、谈话的时间控制、审计报告出具时间等方面。审计时限的控制要考虑总体审计工作要求,审计环境的约束条件,审计对象的自身要求。审计时间的控制当然是越短越好,但是也要注意时间节奏的把握。

与审计时间管理工具相关的最重要的五个概念有:① 约见:日期已经确定,有明确的开始时间,一般也有结束时间,如审计会议、约见相关人员等。② 活动:日期也已经确定,但没有规定开始时间,优先度可由自己确定,如撰写工作底稿、撰写审计报告、电话通知、发邮件等。③ 未来活动:未确定明确日期的一般为一周以后的约见或活动,如审计人员准备要查阅的会计资料、准备要查看的现场、要约见的有关人员等。④ 审计人的承诺:不一定有开始时间,但成果交付有时间期限。如提交审计报告的时间。⑤ 被审计人的承诺:被审计人向审计人交付相关资料的时间期限。

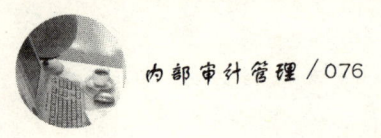

八、审计人员自我管理

目前,大多数审计人员面对繁重的审计工作和复杂的人际关系,心态失去平衡,自我心理阴影无法抹去。这主要是没有做好自我管理。审计人员的自我管理主要体现在态度的端正与行为方式的改变两个方面。

先看一个"曲突徙薪"的历史故事:

《汉书·霍光传》记载:西汉时的大臣霍光,权势极大,汉宣帝就是他迎立的。霍氏家族独揽朝廷大权,显贵至极。有个名叫徐福的人几次上奏章提醒宣帝,应该采取必要的措施限制霍光的权力,不然霍光家族终有一天会谋反。但是宣帝不以为然。霍光死后三年,他的家人果然准备谋反。幸亏有人告发,宣帝及时采取果断措施,将霍氏家族全部杀尽,才未造成严重后果。事后,宣帝对告发的人大加赏赐,而对早就规劝他应对霍光采取必要措施的徐福却没有一点赏赐。有位大臣觉得这样做不公平,特地向宣帝上书。在上书中,这位大臣先讲了一个故事:有个人到朋友家里做客,主人正好在做饭。客人见主人灶上的烟囱是笔直的,灶膛旁又堆了不少的柴火,觉得这样的设置和安排不安全,便对主人说:"依我看,您这烟囱要把它改砌成弯曲的,柴火要搬得远些,否则容易发生火灾哪!"主人觉得客人说的话不吉利,不以为然,没有作答。不久,这主人家果然发生了火灾。亏得左邻右舍及时赶来把火扑灭,才未造成重大损失。事后,主人杀牛沽酒,摆席酬谢来救火的邻居。他将那些被火烧得焦头烂额的人奉为上宾,其余的人按照救火时出力大小次第就座。他请了这么多人,就是没有请那个劝他改砌烟囱、搬走柴火的朋友。席间,有人不平地对主人说:"要是当初您听从那位朋友的话,把烟囱改砌成弯曲的,把柴火放远些,那么就不会失火,今天也就不需要杀牛沽酒来酬谢救火的邻居了。如今您论功排客人的座位,却把那位朋友忘了。这岂不是'曲突徙薪亡恩泽,焦头烂额为上客'了吗?"这人说的"曲"是弯的意思,"突"指烟囱;"徙"是移动、搬迁的意思,"薪"指柴火。最后两句话的意思是,提出改用弯曲的烟囱、搬移柴火的人得不到任何恩惠,而被火烧得焦头烂额的人倒被奉为上宾。这显然是不公平的。主人听了这番话,顿时省悟过来,马上把那位朋友请来,奉为上宾。宣帝看到这里,明白了那大臣为什么要在上书中先讲这个故事,于是马上赏徐福十匹绢,并提升了他的官职。

这个皇帝已经很不错了,还能事后醒悟,进谏的人得到应有的回报,但是大多数皇帝到死都不会醒悟过来,那么进谏的人要等什么呢?皇帝不杀进谏的人就已经谢天谢地了! 当皇帝不杀进谏的人时,我们也不能像屈原那样去投汨罗江而死。审计难,处理更难,难以上青天,这是众所周知的事实。对此审计人员要端正思想,调整心态,明白"曲突徙薪亡恩泽,焦头烂额为上客"的道理;想得透、看得开;道理想明白、态度要端正;要审计快乐、快乐审计;牢记"成绩永远是领导的、身体永远是自己的"道理。

关于审计行为自身的改变,先看下面的几组对话方式:

(1)老师问学生:

A:"你们听懂了吗?"

B:"我有没有说清楚啊?"

(2)爸爸对女儿说:"晚饭后陪爸爸散散步。"

A:"哪有时间啊? 作业都做不完!"

B:"好的,等我把作业做完陪您好吗? 今天作业实在是太多了!"

(3)丈夫半夜归来,妻子说:

A:"怎么才回来啊? 干什么坏事去了?"

B:"老公好辛苦啊! 我给您做点夜宵?"

(4)国王对大臣说,昨夜有一梦,求解:

A:这个梦是说,您的朋友一个又一个都死了,最后只剩下您一个人。

B:恭喜国王,贺喜国王,您是您所有朋友里面最长寿的。

以上四组对话中,您是喜欢 A 的回答方式还是喜欢 B 的回答方式?

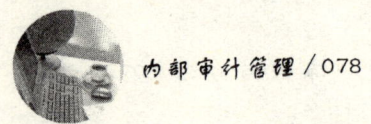

显然,B的回答方式使对方心情舒畅。审计过程也是如此,如果领导与被审计人员不喜欢审计人员,我们不要一味怨恨对方,反思一下自己的说话方式与行为方式是否需要改变一下?《圣经》上说:"一句话说的合宜,就如金苹果在银网子里。"(箴25:11)"智慧人的劝诫,在顺从的人耳中,好像金耳环和精金的妆饰。"(箴25:12)"天之高,地之后,君王之心也测不透。"(箴25:3)"不要在王面前妄自尊大,不要在大人的位上站立。"(箴25:6)"吃蜜过多是不好的,考究自己的荣耀也是可厌的。"(箴25:27)

所以,当审计人员改变不了领导与被审计单位的观点与思想时,就好好改变自己的态度和行为方式吧!

 **主要参考文献**

[1] 中国内部审计协会.中国内部审计规范[M].北京:中国时代经济出版社,2005.

[2] 张庆龙.管理咨询理论与方法[M].北京:中国时代经济出版社,2010.

[3] 陈新环.企业内部审计项目管理规范操作[M].北京:中国时代经济出版社,2009.

第八章 审计心理博弈方法

在审计过程中,当被审计单位充满敌意、不欢迎审计时,如何打开局面? 当被审计单位沉默寡言、不积极提供证据时,如何得到? 当审计人与时被审计人的观点不一致时,面对分歧,如何取得统一意见? 当被审计单位强烈反对审计结论、相关领导不理睬审计建议时,如何说服? 当审计人员自身出现郁闷与纠结时,如何进行调整? 如何实现审计过程与审计结果的和谐? 以上问题均涉及审计心理博弈。本章以心理学、情商论和博弈论原理为基础,探讨审计心理的正和博弈。

一、关于审计心理学

我们先看下面一个审计场景:

周一早晨,审计人员任英赶到审计现场,按照组长的要求查看库存现金,要求出纳员打开保险柜进行监盘,当看到出纳员恐慌害怕的眼神时,她记起了原来查看的现金日记账余额,实际监盘结束后,发现实际盘点数与账面不符,并出现大量白条,她心中也想起现金管理条例的有关规定,想象推测账实不符的可能性,当听到出纳员喋喋不休、花言巧语地解释原因时,任英特别反感讨厌。突然脑海里想起局长的话:"原则在心中,方式要灵活",为了审计工作顺利进行,她还是忍耐克制了自己的反感情绪……

以上场景中,就有一系列审计心理学研究对象,如"看到、听到"等

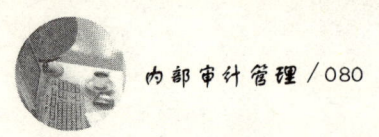

就是审计心理学的"感觉"与"知觉";"记起、想起"等就是审计心理学的"记忆";"想象、推测"属于思维问题;"恐慌、害怕、反感、讨厌"属于情感、情绪;"为了、顺利"属于动机;"忍耐、克制"属于"意志"。

审计心理学就是研究审计过程中,审计人和被审计人各自的心理表现,包括审计人与被审计人各自的感觉、知觉、记忆、思维、想象、动机、意志、能力等多方面内容,分析审计的心理过程和审计的个性心理特征。审计心理学重点研究审计人的视觉和听觉、空间知觉、时间知觉、运动知觉,研究被审计事项的表象和想象,分析问题的思维方式和逻辑推理方法,研究被审计人的动机和意志品质,研究审计人与被审计人双方的情绪及其调节方法,研究审计人员的能力发展与个体差异等方面。审计心理学属于社会心理学在审计领域的应用,是审计学与心理学的交叉学科。其具体内容如表 8-1 所示。

表 8-1　审计心理学的内容

心理要素	审计人	被审计人
感　觉	审计人的视觉与听觉如何感知对方的态度与状况	
知　觉	防止对方制造错觉,并给对方制造错觉	制造错觉
注　意	选择性注意的项目、持续性注意的时间与对象	
记　忆	法律、制度与相关线索	
思　维	直觉思维、逻辑思维、发散思维、创造思维	
语　言	说话方式与技巧	
需求与动机	审计报告为了谁? 为了什么?	虚假动因
意　志	冲突的化解	
情　绪	恐惧、烦恼、忧虑、纠结	警惕、拒绝
能　力	知识、技能、潜力、概括力、想象力、创新力	

二、关于审计情商

情商说的是人对自己的情感、情绪的控制管理能力和在社会人际关系中的交往、调节能力。情商的核心内容可以用五句话概括：认识自己的情绪，调控好自己的情绪，认知他人的情绪，尊重他人情绪，调控好他人情绪。审计情商就是审计心理学中的情感与情绪在审计工作中的控制运用。在审计活动中，审计人员要克制、控制好自己的情绪，充分认知领导的情绪，充分认知被审计人的情绪，调控好、管理好他们的情绪，使审计博弈的主动权牢牢控制在审计人员手中，从而实现审计过程与审计结果的和谐。审计人情绪的通常表现主要有兴奋、快乐、苦恼、紧张、沮丧、厌烦、疲乏等；被审计人的情绪通常表现主要有恭敬、安心、欣喜、抵触、恐惧、紧张、厌烦、苦恼等。审计人员不仅要控制好自己的消极情绪，更要控制好被审计单位的消极情绪，并且要持续激发被审计单位的积极情绪。

高智商且高情商的审计人，春风得意；高智商而低情商的审计人，怀才不遇；低智商而高情商的审计人，贵人相助；低智商且低情商的审计人，一事无成。

三、关于审计博弈

据《现代汉语词典》解释，"博"就是指多、广、丰富、知道得多。例如：博士、博物馆、博览会、博览群书、地大物博、博古通今、博大精深等。"弈"就是指围棋、下棋、对弈。"审"就是指详细、周密、仔细思考、反复分析。"计"就是指计算、测量、主意、策略、计划谋划。可见审计博弈是讲究计谋的。值得提醒的是，对弈的结果可以是"一死一活"，也可以是"和棋"。

关于审计博弈框架要素，本文认为包括审计博弈参与者、审计博弈前提、审计博弈信息、审计博弈策略和审计博弈结果等五个方面。审计博弈参与者包括他人与自己。他人是指被审计人与相关领导，自己就是指审计人。审计人自己包括"本我"、"自我"与"超我"。"本我"是本能的表现，"自我"是理性的表现，"超我"是理想的表现。审计人不仅与被审计人进行博弈活动，同时审计人自己也会出现"超我"博弈"自我"、

"自我"博弈"本我"的现象。审计博弈的前提是信任与尊重,中国人是非常重视面子的。审计过程中,审计人员一定要相信每一个被审计人,不能随便怀疑任何人与任何事;时刻要尊重被审计单位、尊重每一个被审计人员;时时处处尊重对方,无论是表情、眼神或动作,时刻要表现出尊重对方的意愿,这样才有利于审计工作的开展。积极赞赏对方的每一个好的做法,积极赞赏与肯定对方的每一个好的意见,并积极采纳被审计人员的合理意见,这也有利于提高审计工作质量。信任与尊重是和谐审计开始的基本前提。博弈信息是博弈者所掌握的对选择策略有帮助的情报资料,在审计活动中,表现为审计人与被审计人信息的不对称状态,被审计人占有完全充分信息,居于主动地位,审计人员占有不完全信息,处于被动地位。审计人员应该通过各种途径努力掌握被审计人广泛充分的信息资料,尽量消除信息的不对称状态,避免被审计人的"逆向选择"。信息包括了财务会计信息、经营管理信息、内部控制制度、重大决策、相关法律制度、市场与行业信息等方面。博弈策略是指审计的谋略和计策,审计策略可以多种多样,并视情况的变化而变化。在审计过程中,面对他人的防范心理,要声东击西转移视线。面对他人的抵触对抗心理,要耐心听完对方的抱怨,从而了解对方的真正意图,然后想办法应对。对待反对意见,要同意对方的意见,在小处上让步,甚至创造出一个让对方获得小胜利的局面,争取在大局上获得胜利,有时还需要暂时收回自己的意见。对待他人的敌视心理,首先考虑建立私人之间的信任感,其次让对方提出可选方案,以满足其自尊心,给自己一个回旋的余地。博弈结果包括:正和博弈(双赢)、负和博弈(两败俱伤)和零和博弈(你死我活)三种结果。正和博弈使审计双方的利益都有所增加,不仅审计报告的质量得到保证,审计人没有出现违纪、违规、违法行为,被审计单位也没有出现屡审屡犯、资金流失、违规违法的现象,合法利益也得到保护,是合作、和谐与共赢的状态。负和博弈是指审计双方的利益都损害了,审计人要承担行政责任和法律责任,被审计单位屡审屡犯、资金流失、违规违法行为不断发生。零和博弈是审计双方一方赢一方输,要么呈现审计人的勤政廉政和高质量的审计报告与被审计单位屡审屡犯、违规违法的现象并存,要么呈现审计人的违纪、违规、违法行为与被审计单位合法健康发展的现象并存。

四、被审计人员心态表象类型与管理

被审计人员常见的心态表象主要有:一是配合心态或服从心态,表现为热情接待、积极配合、大力支持、提供资料、全面真实回答,服从审计结论。这是最理想也是审计人员最向往的状态,一般不需要开展心理博弈。二是双重心态,表现为表面积极、过度热情、态度和蔼、展示清白,背后设法抵制各种审计。持有这一心态的人员往往存在舞弊、违法等不正当行为,又害怕审计发现。审计人员应该注意适当转移其注意力。三是防范心态,认为审计是挑毛病、专门挑刺的行为,查出问题会影响单位声誉、影响领导个人发展前途,因此对审计人员不信任,心存防范。面对这一状态,审计人员应该首先反思自己的做法是否正确,不要故意挑毛病,同时积极开展审计理念的宣传,消除被审计人的思想误区。四是厌烦心态,被审计单位业务繁忙,疲于应付各种检查和审计,对审计产生厌烦心态,因而不积极配合。这主要是我们审计人审计的时间选择不合适,应该及时调整。五是干扰心态,表现为转移、隐藏非法资产;拖延拒绝执行审计决定;人情沟通、权力介入、利益交换;对审计结论提出不恰当质疑。面对这一状态,审计人应该毫不留情,依法办事,以强攻强。六是侥幸心态,总认为自己可能不会被审计到;即使抽查到了,也不一定就查出问题;即使查出问题,也不一定处理和追究责任。面对从众心态和侥幸心态,审计人多用心理暗示,提醒被审计人按照相关红头文件和法律制度可能要承担的行政责任和法律责任,促使他自己主动改正。

五、审计人员心态表象类型与控制

审计人员常见的心态表象主要有:

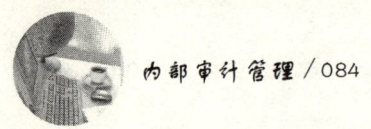

一是畏难心态，审计人员对审计项目预期艰难，被审计单位阻力大，心理压力大，对自己审计能力产生怀疑。审计工作本身就是一个充满挑战且激动人心的职业，审计人员要知难而上，努力寻找化解问题的办法，减轻自己的心理负担。审计人员要努力提高自己的业务水平和人际关系沟通能力，增强战胜困难的勇气。

二是速成心态，审计人员面对熟悉的审计项目急于求成，厌烦急躁，单凭主观判断和经验判断，不注意变化的新情况，不关注新情况带来的审计风险，从而导致审计人员的被动。审计过程要稳中求快，在不变的环境中发现变化的情况，努力做到职业谨慎再谨慎。

三是对抗心态，审计人员在审计实施过程中，与被审计单位人员形成对立情绪，在面对重大实质问题和原则问题时，审计人员在方式上坚决不让步，原则性有余而灵活性不足，这种心态坚决要不得，一定要摒弃。

四是批判心态，对待任何被审计事项，总是以批判眼光看待，总认为不真实、不合法，总认为被审计人员在欺骗，没有提供全部真实资料。这是审计人员对职业怀疑基本概念的错误理解。职业怀疑概念是指，假设被审计事项有错误，审计人员要努力地、广泛地、全面地寻找充分的证据推翻这一假设，尽量做到职业谨慎，最大限度降低审计风险。

五是恐惧心态，由于审计项目给审计人员自身带来的人身安全、职位升迁、人际关系等方面的影响而产生的恐惧与害怕的心理状态。审计人员要努力改进自己的工作方法与方式，改进说话的方式与语气，最大限度消除审计工作本身带来的负面影响。

六是忧虑心态，对待查出的问题，能认真分析单位组织存在的风险，忧虑重重，责任心强，先天下之忧而忧，考虑深层次体制、机制与制度问题，忧虑过度。

针对上述心态表象，审计人员要适时调整自己的心态，要想得透、看得开，道理想明白，态度要端正，审计不是万能的，审计发挥作用的空间总是有限的，努力做到审计快乐、快乐审计。

六、审计心理博弈中的三大基本策略

1. 将心比心,换位思考

审计人员要实现认知他人情绪的目标,就必须进行换位思考,真正的换位思考必然是一个"移情"的过程,要从内心深处站在领导和被审计人的立场,要像感受自己一样去感受他人。审计人员在审计过程中,时刻要站在被审计人的角度来思考,设身处地为被审计人考虑他们的顾虑、想法与需求。当被审计人不积极提供证据时,当被审计人不接受初步审计意见时,审计人员应该摸清情况,掌握被审计人的心理状态,积极采取措施,消除他们的后顾之忧。

2. 以心换心,互惠互利

审计与被审计,本身就是一对矛盾。审计人与被审计人,作为博弈行为的双方,依然存在利益冲突,博弈行动的后果依然是"双赢"状态。审计人不可能完全按照自己的意愿,一意孤行。审计人员既要坚持原则,保证审计质量,同时要充分考虑被审计人的切身利益,积极建言献策,使被审计单位健全制度、提高效益、防范风险,通过审计使被审计单位得到实惠。

3. 以心攻心,斗智斗勇

审计博弈要讲究策略。对待他人的防范心理,要声东击西转移视线。对待他人的抵触对抗心理,要耐心听完对方的抱怨,从而了解对方的真正意图,然后想办法应对。对待反对意见,要同意对方的意见,在小处让步,甚至创造出一个让对方获得小胜利的局面,争取在大局上获得胜利,有时还需要暂时收回自己的意见。对待他人的敌视心理,首先考虑建立私人之间的信任感,其次让对方提出可选方案,以满足其自尊心,给自己一个回旋的余地。

七、如何做好审计心理博弈

1. 准确感知对方态度与动机

观察交换名片,感知诚恳与傲慢。在审计开始时,被审计人先拿

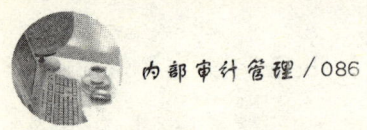

名片双手递上表示诚意;被审计人接收名片但没有交流表示蛮横无理;以名片用完了或忘记带了不给名片,表示对审计人的轻率或故意;同时有多种名片的人表示社会关系复杂或深谋远虑;不分场合乱发名片的人可能有野心;拿出一大堆别人名片来炫耀自己可能会以我为中心。

观察单手小动作,发现说谎嫌疑。一般情况下,被审计人用手遮掩嘴部、摸鼻子、摸耳朵、揉眼睛、挠脖子、拉衣领等小动作往往是说谎的行为表现。

观察眼神,辨别状况。审计交谈时,被审计人视线接触审计人脸部时间低于全部谈话时间的30%,表示对审计不感兴趣;倾听审计人说话时几乎不看审计人的脸部,可能在掩饰真相;被审计人眼睛闪烁可能做事虚伪或当场撒谎;心理学研究表明:一般人每分钟眨眼睛5~8次,每次不超过1秒钟;1秒钟连续眨眼睛多次,可能是神情活跃、对话题感兴趣;或者是个性怯懦、羞涩不敢直视;时间超过1秒钟的眨眼睛,表示厌烦与藐视;瞪大眼睛直视对方,表示感兴趣有信心。据此审计人可以在谈话中初步辨别真假状况。

2. 打破沉默、化解敌意

尊重被审计单位、尊重每一个人员,时时处处在表情、眼神与动作上尊重对方;赞赏对方的好做法,赞赏对方的好意见,给足对方面子;认真听取对方的想法、意见和建议,做全世界最忠实的倾听者;寻找双方感兴趣的话题,多谈对方的特长,显示出对对方的崇敬;时时刻刻显示自己对对方的在意、坦诚、直爽和敬意,建立私人间的信任感;让对方提出可供选择的方案,调动其积极性,满足自尊心的需要。

3. 消除分歧、争取支持

当审计出现意见分歧时,说服显得格外重要,说服的关键是审计人与被审计人员产生一致性的认同,彼此之间才能产生信任,减少拒绝的可能。一致性的认同,需要审计人员自己去不断地发现与创造。审计开始时要迅速找到生活与工作中的认同,在审计过程与审计结果方面要迅速找到业务上的认同。一致性的认同,可以是审计工作上观念的认同、观点的认同、看法的认同,也可以是生活中一致性的态度、习惯,甚至是衣食住行的方方面面。有了认同感,才有亲近感,才有利于工作的开展。另外,多总结一致性观点、避重就轻、转移话题、适时休会、幽默自嘲、恰当让步等都是化解分歧的有效手段。

4. 强化说服、潜移默化

(1)审计人员要实现调控他人情绪的目标,就必须增强说服力。说服就是让他人认同自己的观点和想法,并且激励他人给出审计人员自己想要的东西。说服他人的主要方式是沟通,包括语言沟通、情感沟通与体态沟通。沟通的目的在于,使对方听到、使对方听懂、使对方接受、使对方行动。与智慧的人沟通,审计人要渊博;与笨拙的人沟通,审计人要详辩;与善辩的人说话,审计人要扼要;与高贵的人说话,审计人要有气势;与富有的人说话,审计人要高雅;与有过失的人说话,审计人要多鼓励。与任何人沟通,审计人都要学会尊重。沟通的主要方式是广泛开展多种多样的审计营销活动。不论书面沟通、当面沟通、短信息沟通,还是邮件沟通,审计人员要作出认真的、恰如其分的选择,发挥意想不到的效果。

(2)恰当的心理暗示。心理学研究表明,心理暗示会达到意想不到的效果。对于审计过程和审计结果存在的干扰心态、从众心态与侥幸心态,审计人员不要当面指责,强制要求被审计人员如何改正,而是要恰当地从法律制度、红头文件等方面给予暗示,明确领导应该承担的责任,提醒对方违纪违规行为可能要承担的行政责任、法律责任或产生的不利结果,促使对方自己积极主动改正错误。

(3)学习唐朝名臣魏徵的说服技巧。前文提到,魏徵敢于提意见、善于提意见,能把道理说清说透、因势利导,充分利用表扬的方式达到帮助皇帝改正错误的目的。他批评皇帝的做法是以表扬为前提的。寓批评于表扬之中,容易让他人接受,毕竟他人只有接受之后才能改正错误。魏徵进谏,从立意到证据到劝说角度,都有完好的搭配。这既有利

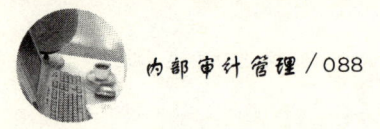

于国家未来发展,又有利于皇帝思考,更有利于皇帝改正。

5. 巧妙搭配、取长补短

(1)男女搭配,干活不累。一般来说,男人性格开朗、勇敢刚强、不计较得失、行为主动、逻辑思维能力强;女人文静、细腻、举止文雅、灵活委婉、发散思维能力强。两者结合可以实现优势互补。心理学研究表明,人总是在异性面前表现出最好形象,男女搭配可以发挥最大能力,提高审计效率。另外,如果被审计人是男性出面,审计人最好是女性来接待,以柔克刚,这样便于合作,有利于审计工作的顺利开展,反之亦然。

(2)"黑脸"与"白脸"的巧妙配合。在一个审计小组内部,一定要有一个"黑脸"一个"白脸"。在审计谈判中,一个态度强硬,一个态度温和。一个扮演"好人"角色,也就是说扮演在对方眼中相对的好人,他态度诚恳,不偏不倚,充分考虑双方利益,总是促使谈判顺利进行;另一个扮演"坏人"角色,也就是说扮演在对方眼中相对的坏人,他处处不肯让步,逼迫被审计人妥协。在这种情况下,被审计人当然希望与"好人"谈判,而事实上,"坏人"在谈判中起到了重要作用,如果谈判陷入困境,可以让"坏人"回避,暂时的退让可能换来更大的胜利。

6. 准确把握审计的切入时间

审计时间的切入非常具有艺术性,审计人员要正确把握。当被审计单位厌烦、忙碌与会计期末结账时间最好不去审计,因为这时候去审计,要么人家态度不好不欢迎你,要么是审计证据无法取得,要么是审计意见无法取得一致。最好在被审计人员心情舒畅且较空闲时开展审计工作。在被审计单位风险即将发生时(损失未造成但领导已经意识到存在风险)及时开展审计工作,这样一来,领导会认可审计工作,被审计单位会感激审计人员。审计现场谈话、询问、谈判的恰当时间判断与选择也非常重要,若审计切入时间不太好,则要么调整审计时间,要么先调节对方心情。

7. 其他技巧

时刻关注对方六个问题：害怕什么？注意什么？回避什么？关心什么？强调什么？打听什么？眼观六路，耳听八方；利用错觉，声东击西，出奇制胜；利用遗忘规律，由不同审计人员在不同时间提问同一问题，发现矛盾与虚假，让其自食其言、自食其果；出其不意，攻其不备；故意询问已知答案的问题，合理安排问题的先后顺序，明知故问，装聋作哑；利用逻辑学的判断推理等规律，让其自相矛盾，自投罗网；以退为进，适当妥协；利用强化规律，鼓励"编造到底"，欲擒故纵，静观其变，心理学研究表明，人为达到目的，会采取一定行为作用于环境，当行为后果对自己有利时，这种行为以后就会重复出现，当行为后果对自己不利时，这种行为就会减弱消退，正强化包括认可、表扬、奖励，负强化包括批评、处分。

8. 调控自己、平和心态

准确把握审计进入时间，在被审计单位比较空闲时开展审计工作，有利于实现和谐。良言一句春风暖，恶语伤人十日寒。在审计过程中要注意审计方法与说话方式，从而有利于被审计单位接受。在外勤工作中要经得起诱惑，在单位内部要耐得住寂寞，不比地位与金钱，只比心态与健康。道理要明白，态度要端正，位置要摆正，成绩永远是领导的，身体永远是自己的；对待各种问题要想得透、看得开；适当旅游、多听音乐、广交朋友以减轻压力，真正做到审计快乐，快乐审计！

总之，审计心理博弈要把握好方与圆、进与退、舍与得，做到拿得起放得下，充分认识到帮助别人就是帮助自己，真正实现"大家好才是真的好"的正和博弈局面。

 **主要参考文献**

[1] 汤效禹.心理学在审计实践中的运用[M].北京：中国时代经济出

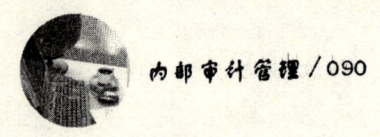
版社,2007.

[2] 王则柯.博弈论教程[M].北京：中国人民大学出版社,2010.

[3] 彭聃龄.普通心理学[M].北京：北京师范大学出版社,2010.

应用领域

第九章　内部控制与评价

内部控制是更好完成各种受托责任的有效措施,是建立和完善法制经济和信用经济的基础。内部控制设计要充分体现分权与制衡的思想,充分考虑人性的特点。企业内部控制主要由所有者对经营者控制、经营者对管理者控制和管理者对员工控制三大层次。内部控制需要不断发展和全体成员的共同努力。

市场经济是法制经济,同时也是信用经济。如何建立和完善这一体制,关键取决于委托者的委托责任意识和受托者的受托责任意识,取决于为完成受托责任而建立的内部控制结构。一个企业如果有了健全的内部控制制度,并且每一个人都能认真贯彻执行,法制经济和信用经济必将到来。

一、受托责任理论下的社会控制环

我们生活在一个受托责任时代。受托责任存在于一切社会和民族之中。何为受托责任? 我国著名的会计学家、教育家杨时展教授指出:受托责任是指一方接受另一方资源,为另一方经办某项规定的工作,其经办方对出资方就负有一个善良管理人应负的会计责任。

受托责任最初表现为一种道德责任,它是原始社会政治、经济、文化的集中表现。按照西方的说法,世界所有的财产归上帝所有,人仅是上帝的托管人,这种受托责任是一种公共责任,因为人们占用公共资源

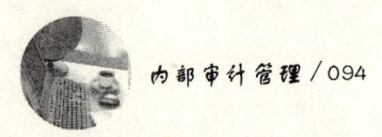

是要为社会谋求利益。在奴隶社会和封建社会，从古希腊神殿财产的管理人，到中世纪封建庄园的管家，受托责任都表现为一种经管责任。在现代民主社会，受托责任的内容愈加丰富，已形成纵横交错、相互制约的受托责任体系，其主要表现为一种政治责任。

笔者认为，现代社会的受托责任关系主要表现为一条责任链，体现出多种的受托责任：

$$社会 \xrightarrow{委托} 所有者 \xrightarrow{委托} 经营者 \xrightarrow{委托} 管理者 \xrightarrow{委托} 劳动者 \xrightarrow{委托} 政府$$

在以上委托与受托关系中，主要受托方受托责任具体分析如下。

1. 政府的受托责任

政府是人民的公仆，政府的一切权力、一切经费均来自人民，所以政府的一切收支活动均应对人民负责。政府的受托责任与民主气氛极为相关，民主越发达，政府受托责任的内容也越丰富。人民要求，一切取之于民的，必须经济而有效地用之于民。用于民而不经济，用于民而没有使人民满意，政府仍要负责任。

2. 经营者的受托责任

经营者的受托责任是一种以"两权分离"为典型特征的受托责任，其范围日趋广泛。具体体现在：对国家要认真执行法律，履行应尽义务；对投资者和债权人应保证资产安全完整，合理利用资源，坚守信用，履行诺言；对劳动者应坚持按劳分配，提供安全、优越的劳动环境，注重教育，提高职工素质；对社会要承担对消费者的责任，提供安全、优质的产品和良好的售后服务，保护生态环境，提供均等的就业机会。

3. 管理者的受托责任

企业内部的各级责任中心和管理人员对企业的经营者也负有受托责任，这是一种以管理层次为特征的受托责任。因为各个责任中心都独立地使用企业的一部分资源，因而应承担相应责任。其承担的受托责任有：局部资源的安全有效运行；目标责任制的顺利完成；各项管理制度的贯彻执行。

为完成各自的受托责任,就形成以下控制环:

$$政府 \xrightarrow{\substack{法律\\控制}} 社会 \xrightarrow{\substack{道德\\控制}} 所有者 \xrightarrow{\substack{经济\\控制}} 经营者 \xrightarrow{\substack{管理\\控制}} 管理者 \xrightarrow{\substack{管理\\控制}} 劳动者$$

社会控制的具体内容如表 9-1 所示。

表 9-1 社会控制的具体内容

控制要素 控制主体	控制客体	控制目标	控制手段	控制载体	控制内容
政 府	社会活动 人民群众	社会安定 经济繁荣	行政命令 经济调节 法律手段	法律法令 规章制度	经济活动 政治活动 文化活动
所有者	经营者	股东财富 最大化	建立治理 结构委托 外部审计	财务会 计报告	经营活动
经营者	管理者	实现经 营目标	编制计划 组织协调 内部审计	管理制度 责任报告	管理活动
管理者	劳动者	完成责 任目标	管理方法 技术方法	管理制度 统计报告	劳动过程
劳动者	政府	就业机会 劳动报酬 社会福利	民主监督 政治协商	新闻媒介	政府行为

二、内部控制的设计思想

设计思想之一:分权与制衡

现代管理的核心是分权与制衡,其本质是民主管理,而不是皇权管理或一人管理。所谓分权与制衡是指做任何一件事情不能由一个人单独完成,在授权、批准、执行、记录、维护和保管的各个环节必须由不同的人分别完成,并且在每一个环节都有科学、完善的监督管理机制,最大限度减少失误和舞弊行为。如果实行一人管理,在没有完善的监督制衡机制下,就有可能产生一个人为所欲为的现象,并出现权力腐败、经济腐败和政治腐败,导致经济秩序的紊乱和社会动荡。在设计内部控制时,分权与制衡的关键是寻求关键的控制点,所谓关键的控制点就是一个人在完成某项工作时容易产生错误或出现舞弊的环节。不同企业、不同业务均有自己的关键的控制点。在设计内部控制时,如果在不是关键的控制点上设计了控制措施,必将大大提高管理成本,降低企业的经营效益,并且会极大地挫伤广大职工的工作积极性,抑制劳动者的创新能力,产生极大的负面影响。

设计思想之二:人性的需求

亚布拉罕·马斯洛(Abraham Maslow)的需要层次理论有两个基本论点。一是人是有需要的动物,其需要取决于他已经得到了什么,还缺少什么,只有尚未满足的需要能够影响行为。即已经得到满足的需要不能起到激励作用。二是人的需要都有轻重层次,在一个层次的需要得到满足后,另一个层次的需要才会出现。人类的需求依其重要程度可分为生理的需要(衣、食、住、行等)、安全的需要、情感和归属的需要(友谊、爱情等)、尊重的需要(自尊和受别人尊敬)和自我实现的需要。在设计内部控制时应针对人未得到的需求,提出具体的激励措施,而不是约束人的需求,制约人的正当欲望,以此来完成企业的最终目标。如果人在某一层次的需求已经得到满足时,针对这一层次的内部控制便是形同虚设;如果内部控制一味约束人未得到的基本需求,约束人的更高层次的需求,结果将适得其反,员工会产生抵制情绪,出现出工不出力、出力不出效益的局面。内部控制的设计应该体现为约束人的不正当需求,激励人尚未满足的需求。

设计思想之三:人性的善与恶

道格拉斯·麦格雷戈(Douglas Mcgregor)提出的 X 理论认为:人的本性是坏的,一般人都有好逸恶劳、尽可能逃避工作的特性;由于人有厌恶工作的特性,因此对大多数人来说,仅用奖赏的办法不足以战胜其厌恶工作的倾向,必须以强制、监督、指挥、惩罚手段进行威胁,才能使他们付出足够的努力去完成给定的工作目标;一般人都胸无大志,通常满足于平平稳稳地完成工作,而不喜欢具有"压迫感"的创造性的困难工作。Y 理论的主要观点是:人并不是懒惰的,他们对工作的喜欢和憎恶决定于这工作对他是一种满足还是一种惩罚;在正常情况下,人愿意承担责任;人们都热衷于发挥自己的才能和创造性。如果按 X 理论来看待员工的需求,内部控制的设计就要采取严格的控制、强制的方式;如果按 Y 理论来看待员工的需求,内部控制的设计就要创造一个能多方面满足员工需要的环境,使人们的智慧、能力得以充分发挥,更好地实现企业和个人目标。非常遗憾的是,目前我国许多企业的内部控制设计都是按 X 理论来设计的,极大地挫伤了广大劳动者的积极性,使生产力水平严重下降。

企业内部控制的两大支点是约束与激励,约束人性的弱点、缺点和不正当的需求,激励人性的强点、优点和未实现的真正需求。如果约束了人的强点、优点和未实现的真正需求,激励了人的弱点、缺点和不正当的需求,必将导致内部控制的失败。

三、内部控制的主体结构

内部控制的主体结构如表 9-2 所示。

表 9-2　内部控制的主体结构

控 制 层 次	控 制 结 构	控 制 政 策
股东对经营者控制	股东大会(明确权力机构的重大决策权) 董事会(明确决策机构的权限) 监事会(明确监督机构的权限,含审计委员会和审计部权限)	1. 基本财务政策 (筹资政策、投资政策、盈利分配政策) 2. 基本会计政策 3. 基本费用政策 (工资费用标准、业务招待费标准、差旅费标准、捐赠和赞助标准)

（续表）

控制层次	控 制 结 构	控 制 政 策
经营者对管理者控制	1. 组织控制（营销中心、生产中心、采购中心、财务中心、管理中心、研究与开发中心） 2. 政策控制（营销政策、生产政策、采购政策、财务政策、人事政策、研究与开发政策） 3. 预算控制 4. 财务会计控制 5. 内部审计	1. 满足管理者权力的需要 2. 满足管理者晋升的需要 3. 确定合理的经济报酬结构
管理者对员工控制	1. 员工素质要求 2. 职务分离控制 3. 授权批准控制 4. 文件记录控制 5. 实物保护控制	1. 工资待遇 2. 认可和赞赏 3. 带薪休假 4. 员工持股 5. 享有一定的自由 6. 提供个人发展和晋升机会

四、内部控制的矛盾与困惑

内部控制的矛盾体现在成本与效益关系的制约。成本必须小于效益，这是普遍规律，内部控制的设计和运行也不例外。如果只从控制的角度分析，控制环节和控制措施越严密，控制的效果就越好，但是相应的控制成本就越高，同时还会影响企业的经济效益。因此，管理当局在设计和运行内部控制时，必然要权衡控制成本与控制效率。当实施对某项业务控制的成本大于其控制的效率时，就不会设置相应的控制环节或控制措施，这样一来，某些错误或舞弊的发生就不可能得到控制。可见，完美无缺的内部控制并不存在。

内部控制也有其固有局限，具体表现如下。

1. 内部控制的执行依赖于企业员工的整体素质

内部控制能否发挥应有的作用取决于该控制系统有关工作人员的

素质,因为内部控制制度毕竟要通过人的执行才能工作。工作人员的素质包括两个方面:一方面,他们必须具有良好的工作责任心,具有一丝不苟的工作作风;另一方面,他们必须具有与自己的工作相适应的工作能力,在业务出现不正常迹象时,能及时发现并采取措施。如果工作人员素质较差,将使内控失效。例如,员工的粗心大意、精力分散、判断失误以及对指令的误解导致的内控失效。又如,有关人员相互勾结、内外串通使完善的内部控制失去效能。

2. 企业领导对内部控制有效发挥产生重要作用

内部控制要有效地工作,企业领导对内部控制的重视程度极为重要。企业领导有责任监督内部控制的工作和运行,如果企业领导对内部控制系统监督不力,内部控制便会流于形式。有了尽职尽责的领导,即使比较初级的内部控制也能有效地发挥作用,而没有控制意识的领导会使最严密的内部控制遭到失败。这包括领导越权管理、容忍违规行为、放弃必要控制等行为。如果领导不能充分重视和发挥内部控制的作用,只依靠他们的下属对内部控制予以充分关注是徒劳无益的。

3. 内部控制并不针对企业包罗万象的经济业务

内部控制一般是针对常规业务活动而设计的,是对经常的、大量的业务以及已经发生或者能够估计到的问题所做的充分控制,具有相对稳定性,可能不适用于特殊的非常规的业务活动。对于个别的、偶然发生的业务以及可能发生的问题,则难以实施规范控制。随着经济业务的不断发展,新问题不断出现,原有的内部控制很难适应新业务的需要,当经营环境、业务性质发生较大变化时,原有内部控制可能不再适用,而新的内部控制尚未产生,因此要建立一个能防止任何差错和舞弊的内部控制几乎是不可能的,所以内部控制都会因其固有的限制而存在 定的局限性。

4. 一个企业的内部控制制度与企业的非正式制度是否能够和谐共处

如果一个企业的非正式制度(企业文化、传统习惯、团队精神、意识形态和敬业精神)与正式制度和谐一致,则正式制度就可以顺利发挥作用;相反,如果企业文化、传统习惯、团队精神、意识形态和敬业精神与正式制度不相契合,甚至处处存在冲突和矛盾,那么,正式制度再好,也未必能够有效地发挥作用。

由此可见,内部控制并非万能,它需要不断完善和全体成员的共同努力。

五、员工素质控制

1. 工作环境

员工工作环境包括硬件和软件两方面。硬件方面是指员工工作单位干净优美、绿树成荫、设施齐全;软件方面是指合理的报酬结构、良好的劳资关系、员工与老板之间平等和谐与文明的企业文化。良好的工作环境可以促进员工诚实和努力工作,提高员工修养,并且可使内部控制得到很好的贯彻落实。反之,如果员工得不到公正待遇、没有良好的工作环境,他们就会产生怨恨,就会不安心工作,甚至故意捣乱、作弊,这样一来再好的内部控制制度也无济于事。目前,我国有些乡镇企业硬件环境很好,软件环境很差。报酬结构的不合理、员工与员工之间的不平等、员工与老板之间的不平等、按劳分配的扭曲,这些突出问题使工作环境严重恶化。

2. 招聘制度

企业招聘是保证员工应有素质的重要一环。企业人事部门应对应聘人员进行细致的调查,确保受聘人员职业道德、业务能力等方面满足工作要求。首先是员工诚恳、热情、踏实、认真、勤奋和无私的品格,其次是员工工作能力、技术水平和业务素质。对于能干却靠不牢的人,或靠得牢却不能干的人,这两种人坚决不予录用。招聘人员可以通过审阅应聘人的经历和教育、与前雇主关系、进行面试等方式评估应聘人员以上两个方面素质。招聘中千万不能误入高学历、高职称误区,在目前人才市场上,高级人才中"滥竽充数"者为数不少。

3. 培训计划

企业单位应制订详细的长期培训计划,对各级、各类人员进行有计划地学习培训,以满足知识更新的需要,提高全体员工素质和业务能力。企业单位应给予足够资金进行培训。培训方式可以采用走出去、请进来的办法,请专业人才讲课、辅导和实际操作,到先进、发达的地区或国家进行学习交流。千万不能像现在有些单位以培训学习名义却观光旅游,培训学习一定要有收获,并加强考核、考试管理。企业不要担心自己培养的人才会流失,不应担心"肥水流入外人田",自己企业人才的流出,说明内部控制在某些方面的激励机制还有缺陷,同时在人才流动方面要加强约束机制。企业自己培养的人才要比外来人才实用、长久,并且,员工在一个企业供职时间越长,对企业的感情就越深,这也是一笔无形的财富。

4. 作业标准

建立完善的作业标准,有利于企业处理业务规范化、制度化和标准化,有利于企业目标的实现。同时,建立完善的作业标准,可以是每一位员工都知道应遵循的行为标准,用作考核评价和奖惩员工行为的依据。当员工知道自己的行为将根据公平的标准进行衡量时,会产生强烈的约束力并激励他更好地完成任务。

5. 考核与晋升

考核与晋升制度是鼓励员工作出成绩的重要方面。如果一名员工知道勤奋工作会得到承认和奖励,并对他的缺点进行坦率公正的评价,那么,他会受到鼓励,更乐于做好他所胜任的工作。考核通过者可以得到一定的奖励或晋升。在晋升时,企业应充分考虑不要把员工晋升到其没有经过培训或不适合于其工作的岗位。一般地说,如果提升到新岗位的员工能够胜任工作的话,则证明该员工还可以再次晋升,直到他不能再胜任为止。

6. 休假制度与工作轮换

企业家一般不愿给员工休假制度,其原因在于给员工带薪休假会使企业成本上升。其实这是一种误解。对于大多数工作来说,每一项职务都需要有两个以上受到训练的员工去担任。这样一来,固定员工有了休假的机会,使其得以充分休息,激发工作的积极性。休假完毕,或许可以以全新的思路投入工作,改进工作方法,提高工作效率;同时,接替员工还可以发现固定员工的差错和舞弊行为,消除有人蓄意侵占盗用公共财物的意图,并且可能提出改进工作的新设想。休假制度与工作轮换,这两个措施互为补充、相得益彰。当然,工作轮换会存在不能最有效地利用员工特长的现象,但是一般地说,固定员工因休假而由别人替代其工作所花成本,与采用有效控制所获得的效益是基本相当的。

7. 解雇制度

企业在处于困境、或对员工不满意时,往往以解雇员工的简单办法降低成本、渡过难关。其实这种做法从根本上来说没有把员工当成企业的一员,在困境时把员工推向绝境,同时使企业失去了熟练员工,导致人力资源浪费;在经济景气时又招聘新员工,使企业人工成本上升。在企业处于暂时的困境中,不能以裁减员工为代价而获取短期的经济效益。不能因员工自身能力的低下而马上裁减。更不能因员工不会拍马屁而裁减。对于能力不足、无法胜任其岗位的员工,是领导工作决策安排的失误,而非员工本身,应安排其到与工作能力相适应的岗位上去。从长远来看,保证不让任一名员工承担他不能很好完成的职务,而安排他担任能力相当的工作,无论对员工本人还是对企业单位都是大有益处的。当然,一旦发现不诚实、不忠诚的员工应立即解雇,毫不留情。这种解雇制度,给全体员工一个正确导向,并为他们提供一个安全的工作环境,使其对单位充满信心。

8. 员工信用保险

西方国家对于那些接近现金、易变现资产或其他易于发生挪用资产的每一个员工都进行信用保险。实行员工信用保险,不仅在财产遭受损失时可以得到赔偿,而且还具有一种心理上制止人们犯罪的因素。

同时,保险公司在对员工信用保险前所进行的调查,会使那些有贪污舞弊意图的人不大愿意接受需经信用保险的职业。在这方面,国内企业不妨一试,当然这需要保险业务的完善。

六、我国对内部控制认识的现状

目前大家对内部控制的重要性认识是一致的,特别是在保护资产的安全性和会计记录的可靠性方面认识趋同。内部控制是集中的权力分散化,隐蔽的权力公开化。内部控制的核心思想是:"分权与制衡"和"约束与激励"。让每一个人都在阳光下操作,是民主管理的真正体现。没有内部控制不一定发生错误和舞弊,但是发生错误和舞弊一定是没有内部控制。但是内部控制并非万能,企业文化必不可少,人的信仰与责任感更为重要。教育是基础,制度是保证,监督是关键。

关于内部控制的积极作用,基本上一致认为:可以保护资产安全完整,保证会计资料真实可靠,积极防范违法违规、经济犯罪和贪污腐败现象,健全的内部控制为开展审计工作提供了良好基础。

但是内部控制还面临种种问题:

(1)内部控制在促进组织效率和效果的提高上仍有疑虑,因为内部控制是需要成本的,而且成本又是现实和可以估量的,但效益(避免或减少风险、损失的可能性)是未来的且具有不确定性。

(2)部分高层领导基于自身权力考虑,对内部控制也有疑虑。组织单位针对业务、人事和财务,平行设立党办、纪检、监察、人事、审计、财务、效能办等多控制部门,但无法形成控制合力。

(3)各级人员多认为内部控制的目标在于防止舞弊,而不考虑兴利增值,不考虑经济性、效率性和效果性。

(4)一般工作人员认为内部控制就是刁难、找麻烦、折磨人,因而心生排斥;而制定内部控制制度的人则从控制立场出发,故意作出严格要求,从而制造内部冲突。

(5)过分重视内部控制的他律行为(监督),忽视内部控制的自律

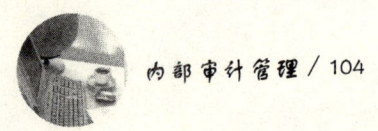
行为（控制环境）。其实，良好的内部环境是控制成功的基础，自律与他律要并重。

（6）各项控制活动均强调标准化，缺乏对风险因素和风险程度的考虑。

（7）检查重点在内部控制未得到切实执行，很少会积极主动地认真指出内部控制存在的问题及改进的建议。内部控制自行检查评估机制欠缺。

七、内部控制研究中被忽视的一个重要因素——时间管理

现在理论界与实务界对内部控制的研究注重在各部门、各岗位之间的职责权限划分与权力制衡，注重业务流程的规范化与程序化。这些控制措施都只是体现在空间方面，但是在具体业务处理中，内部控制还涉及一个时间问题，即各个业务环节之间时间节点的衔接和处理业务时间的限制。实际工作中出现的办事拖拉、推诿扯皮、责任划分不清楚等现象均是由于内部控制在时间管理中出现问题。内部控制的时间管理就是指每项工作活动应该发生的时间点衔接控制和所需要的时间限度控制。内部控制中的时间管理，一定要建立许诺制度，即要明确每一部门、每一个岗位应该完成工作的时点控制和时限控制的承诺，许诺制度是一切制度的先导和保证，是重要的约束保障制度。

内部控制的时间点衔接控制，要遵照客观规律安排，要按照业务流程的先后顺序进行控制。例如：在库存物资管理中，应该坚持先验收后发出，验收控制点在前，发出控制点在后，如果在验收工作未完成的情况下就把物资发出了，质量问题难以控制，有可能导致经济损失或信誉下降。工程项目建设一般要经历可行性研究、设计、准备、施工、验收等主要环节，如果出现边勘测、边设计、边施工的"三边工程"，说明内部控制的时间点根本没有到位。每一项经济业务均要经历审批、执行、复核与检查四个基本阶段，在控制时点上坚决不能颠倒。

内部控制的时间限度控制，是指在每一个控制环节，应该有明确的

时间停留限制。时间限度控制首先要考虑整体业务的时间要求,要考虑业务环境的约束条件。一般来说,业务或事项重要、复杂、繁忙的,内部控制的停留时间需要充足,急待办理的业务则停留时间越短越好。例如:在融资过程中,单位内部控制的各个岗位的审批、办理、复核等环节,其总时限的控制不能超出银行规定的最后期限,否则融资行为就会落空。在应收账款的核对工作中,应该一个月核对一次(时限),并且在每个月开始的一定时日完成(时点),保证准确把握应收账款的信息,及时防范经营风险。

八、中国文化与内部控制

(1)中国人对待制度的态度:中国人天生不喜欢制度,有制度也不理,中国人只要有制度,就会搞形式主义,搞表面文章;制度制约的对象:老实人、没有能力人、无依无靠人;中国人的最善:善于变通,随机应变;中国人的最怕:天不怕地不怕,就怕受到高度关怀;中国人的追求:合理的不公平(因资源有限、机会有限)。

(2)中国人的"要面子、重人情、靠关系"文化:中国人的人性、尊严自古以来都是世界上最高;对事可以内部控制,对人不能管理更不能控制;对人应该是理人与安人;家和万事兴,人和万事利;待遇留人、环境留人、感情留人、事业留人。

(3)中国人的"变通"与"圆通"文化:中国人喜欢通过"变通"的方式实现"圆通"的结果。中国人是世界上最善于"变通"的人。圆通以推、拖、拉到最后化解问题、解决问题。"推"是推动、推进;推测、推敲、推理;推销、推广;推延;推心置腹;推波助澜;推陈出新。"拖"是拖车(牵引);拖延。"拉"是拉动;拉关系。推给最合理的人,推到大家都有面子,推到自己将来好做事,推出和谐局面。"推、拖、拉"的积极作用:给自己一个观察局势的时间(审时度势);要推给最合理的人(自己或别人);降低竞争气氛,不伤害感情(和谐)。"推、拖、拉"的本质是圆通而非圆滑。圆滑是推、拖、拉到最后没有解决问题。

(4) 中国人的"情"、"理"、"法"文化：嘴巴讲"情"，心里想"理"，肚子装"法"。"情"是第一，"理"是第二，"法"是第三。"面子"就是"情"；"脸"就是"理"。中国人追求合理的不公平。中国人小心谨慎，担心吃亏上当。中国人守本分、不贪心，但爱占小便宜。

(5) 中国人的授权：在中国，自古以来，皇帝授权给宰相，宰相作乱；皇帝授权给太监，宦官作乱；皇帝授权给皇后，外戚作乱。玩弄权力是在授权范围内最大限度扩张自己的权力（经费审批现象）。滥用职权是通过授予的权力甚至超出授权范围的权力谋取私利，争权夺利，争上级的权，夺员工的利。中国人对待授权弊端的防范采用了从分层授权到分层负责的转变，不定期的抽查工作，公的分层授权与私的默契授权相结合等办法。

(6) 中国人的信息与沟通：中国人沟而不通，但是可以商量。沟通的层次有：不沟也不通，沟而不通，沟而能通，不沟就通。中国人明白"先说先死、不说也死、说到不死"的道理，力求在合适时间、合适地点、对合适人、以合适方式、说合适的话。中国人不会主动讲自己的信息，但是却会高度关注别人的信息，没有隐私权。沟通是为了达到自己目的而强加于沟通对象，商量是找出共同的话题、确定共同的目标后开展的，双方是自愿的。

总之：凡是中国人心甘情愿要做的事，都会充满无穷动力，有没有制度无所谓；凡是中国人不情愿做的事，即使有完善的制度也会变通不执行。

九、如何做好内部控制评价

（一）了解内部控制

(1) 询问被审计单位有关人员。

(2) 检查内部控制生成文件。

(3) 观察被审计单位业务活动。

(4) 选择若干具有代表性交易或事项进行"穿行测试"（即跟踪几

笔通过会计系统的交易或事项,检查业务从头至尾的处理,以获取相关控制政策和程序的存在及执行情况。一般采用顺查方法,从凭证开始查到登记入账为止)。

(二)记录内部控制

记录内部控制有文字描述、问卷调查、流程图三种基本方法。

(三)测试内部控制

1. 测试形式

(1)业务测试:检查业务处理程序中的各项内部控制规定是否得到执行,其目的是为了证实内部控制制度的有效性(线)。

(2)功能测试:对业务处理程序中的关键点进行测试检查其是否真正发挥作用(点)。

2. 测试方法

测试方法可以是询问、检查、观察、重新执行等。

测试结果可以用"好"、"良好"、"差"等表示。

3. 评价内部控制

(1)评价主要阶段:第一,明确理想的控制模式(应当是什么)。控制模式要素包括控制目标、管理标准、公认标准、法定标准等。第二,确认实际控制情况(实际是什么)。第三,对比分析,确认信赖程度(结果怎么样),评价主要内容:① 可信赖程度评价:"高"、"中"、"低";② 薄弱环节评价:问题、原因、影响等。

(2)内部控制整体评价关键点:① 组织机构是否健全、权责划分是否明确、不相容职务是否分离、岗位责任制是否建立;② 有无健全、科学、民主的决策系统;③ 干部职工录用制度、培训制度、轮换制度、激励制度的先进合理性;④ 有无健全的劳动人事资料;⑤ 有无严格的计划预算制度;⑥ 管理制度、会计制度、内部审计制度是否完善,反映制度的各种文件是否规范;⑦ 各种业务执行是否有授权管理、业务处理是否有严格程序;⑧ 现金收入业务是否按照会计制度规定办理;⑨ 现金支出业务是否遵守国家规定的开支范围;⑩ 银行存款的管理是否符合规定要求;⑪ 存货的发放是否根据核准的领料单进行;⑫ 各种存货是否每年至少盘存一次;⑬ 收到的存货是否组织有关部门严格验收;⑭ 各种应付款的支付有无审批手续,是否经过核对单据后再付款;⑮ 各种应收款是否定期进行核对;⑯ 固定资产的增加和报废是否办理批准手续;⑰ 各种筹集资金方式是否合理、必要;⑱ 各种对外投资行为是否进行科学论证与集体决策;⑲ 是否有风险评估程序(筹资风险、投资风险、经营风险、信用风险、合同风险)。

十、内部控制评价简要对比

1. 以鉴证为目的的内部控制评价

注册会计师内部控制审核,是注册会计师接受委托,就被审核单位管理层对特定日期与财务报表相关的内部控制有效性的认定进行审核。审计报告类型有无保留意见、保留意见、否定意见、无法表示意见四种基本类型。审计报告格式主要包括:标题、收件人、引言段、范围段、固有限制段、意见段、签字盖章、地址、报告日期。

2. 以管理为目的的内部控制评价

内部审计师的控制自我评估法(control self-appraisal,CSA),是在进行内部审计的过程中发展起来,至今仍受到内部审计部门的重视。内部审计人员的职责是:计划、召集、组织、协调、记录等。

控制自我评估法=强有力的领导+精干的工作小组+广泛的专题讨论会
+全员参与+内部审计机构统一管理

控制自我评估法的主要作用在于:① 有效评价柔性控制及非正式控制(管理哲学、道德观念、员工胜任能力、经营方式、信息传递等),传统评价只能检查正式的刚性控制。② 有助于将控制责任转化给每一个职员,员工的主人翁地位得以体现。③ 实现组织价值增值,使组织目标与个人目标和谐统一。

 **主要参考文献**

[1] 王宝庆.会计理念之启迪[M]. 北京：中国科学文化出版社,2003.

[2] 王宝庆.审计学[M]. 上海：立信会计出版社,2006.

[3] 曾仕强.圆通的人际关系[M]. 北京：北京大学出版社,2010.

第十章　风险管理审计

本章主要研究风险管理审计的基本原理,它可以广泛应用在采购、生产、销售、投资、合同签订等环节。关于舞弊、风险、效益、内部控制等方面的审计,在实际工作中确实也难以区分。由于行政事业单位审计主要还是以防范行政风险与事业风险为主,考虑到行政事业单位的特殊情况,其审计工作也一并在本章研究。

一、关于风险的基本认识

国际内部审计师协会对风险的定义是:风险是发生某种影响目标完成的事件的不确定性。企业成败和寿命长短与风险防范存在一定联系。瑞典的斯多拉(Stora)公司于 1288 年创建,中国老字号同仁堂有 300 多年历史,北京中关村 5 000 余家民营企业中,生存超过 5 年的约占 8%,超过 8 年的约占 3%。

风险来源主要分为外部风险和内部风险。外部风险包括:法律风险、政治风险、经济风险。内部风险包括:战略风险、财务风险、经营风险、诚信风险。最主要的风险因素体现在内部控制的质量、管理人员的能力、管理人员的正直程度、会计系统的近期变动、单位的规模、资产的流动性、重要人员的变动、业务的复杂性、快速的增长、经济环境的恶化、管理人员对完成目标的压力等方面。

风险三要素包括:第一,风险因素,即引起风险事故发生的条件;

第二,风险事件,即引起损失的直接或外在原因;第三,损失,即非故意、非计划、非预期经济价值减少的事实。

风险的测量可以用下列公式:

$$风险＝暴露的金额×可能性×发生频率$$

二、风险管理与审计

1. 风险管理及其要素

风险管理是对影响组织目标实现的各种不确定性事件进行识别与评估,并采取应对措施将其影响控制在可接受范围内的过程。风险管理八要素:目标确立、风险环境分析、事件识别、风险评估、风险反应、控制活动、信息与沟通、监控。

2. 风险管理三个阶段

第一,风险识别阶段,辨别所有可能发生、影响单位目标实现的重要事件。其中外部风险因素考虑法律、政治、经济、诚信等方面;内部风险因素考虑战略、经营、财务、信用等方面。

第二,风险评估,分析风险发生的可能性(概率)和影响(损失)。风险评估要素要分析可能性与影响程度;风险评估方法可以是定性与定量的。

第三,风险应对措施,可以避免风险,采取放弃、停止或拒绝执行等方式;可以降低、减轻风险,采用外包、保险、租赁等方式;可以接受风险,自己承担风险。

3. 风险管理审计

风险管理审计是对风险管理的设计与执行情况进行测试和评价,并为管理层提供有关风险管理信息的适度保证。其出发点是审核风险管理政策和经营战略方针。目标是考查风险管理政策设计的适当性、执行的有效性、风险损失处理的合理性。风险管理审计的特有方法是风险因素优先性策略、预警分析和综合评价。

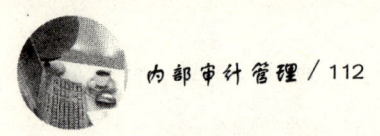

三、基本程序与方法

（一）风险管理的程序与方法

1. 企业风险管理涉及范围

企业风险管理涉及环境风险、战略市场风险、营运风险、新产品开发与品牌风险、财务风险、信息技术风险等。风险无处不在，风险管理也无处不在。

2. 风险管理基本程序

（1）确定范围：分析环境、确定风险标准。

（2）识别风险：识别关键程序、确认风险领域、对风险分类、定义风险性质。

（3）分析风险：分析风险损失额、可能性和发生频率；根据重要性原理划分风险等级。

（4）评价风险：识别可接受风险与不可接受风险，对各类风险由高及低排序。

（5）处置风险：规避、抑制与控制（损失额、可能性和发生频率）、转移、接受、利用。

（6）监督与审核：过程、环境、组织、战略、利害人。

（7）沟通与协调：部门内部、其他部门、外部审计、利益相关者。

3. 风险分析方法

（1）PEST 分析（political, economic, social, technological），即政治法律环境、经济环境、社会物质环境、技术环境分析，一般用于对风险宏观因素分析。

（2）市场环境分析，包括行业市场分析、议价能力分析、企业竞争策略分析等方面。

（3）SWOT 分析（一般用于竞争分析）。① 优势（strengths）属内部因素，如管理结构、财务状况、产品质量、市场份额、技术实力、人员潜力等；② 弱点（weakness）属内部因素，如缺乏资金、缺乏人力资源、管理能力弱化、技术老化、设备陈旧等；③ 机会(opportunities)属外部因素，如市场需求、政策倾斜、技术变迁、对手失误、社会热点等；④ 威胁(threats)属外部因素，如政策变化、市场变化、突发事件、对手发难、客户或供应商发难等。

（4）KSF分析(key successful factors)，即关键成功因素分析，是以调查的事实为依据，为公司找出经营和发展成功的关键因素，一般用于竞争分析。

（5）DCCS分析法(杀狗、养猫、挤奶、明星)。dog—瘦狗，负现金流，亏损，代表危机产品；cats—问题猫，财务指标和市场行情有时出现背离状态，往往有高市场增长潜力，暂时的负现金流，代表风险产品；cows—现金牛，现金流与利润皆为正数，但市场潜力需要探讨，代表赚钱产品；stars—明星产品，现金流暂时为负，但存在高市场份额和高市场增长潜力，代表优势产品。

4. 风险分析基本程序

第一，分析风险因素、风险事故，捕捉风险征兆。

第二，确定风险存在。

第三，确定可能性、频率、损失额。

第四，评判风险性质、级别。

第五，评估风险，与风险评价标准比较，排定风险次序。

5. 风险评价程序

第一，测评、定性、风险排序。

第二，鉴别风险管理措施。

第三，评估风险管理措施。

第四，准备风险措施计划。

第五，执行风险措施计划。

（二）风险管理审计的程序与方法

1. 风险因素优先性审计规划策略

（1）确定审计领域。

（2）确定风险因素。

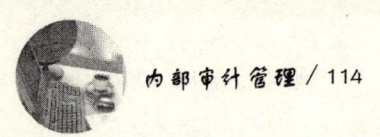

（3）根据风险程度确定风险性质（根据固有风险和控制风险的可能性、损失额、频率确定风险等级）。

（4）确定单项因素风险的权重。

（5）计算风险分值，进行审计打分。

（6）风险排序（依据风险程度优先选择高风险项目）。

（7）配置审计资源，编制审计计划。

此外，要考虑管理当局的要求和被审计者的要求。

2. 风险管理审计基本程序

（1）审计计划制定（年度审计计划、项目审计计划、审计方案）。

（2）风险因素识别、分析与评价。

（3）风险管理措施、方法评价。

（4）风险审计报告。

（5）后续审计。

四、主要风险领域审计内容

（一）人力资源风险审计

人力资源风险是由于外部环境的不确定性、人力资源的特殊性以及管理能力的有限性导致人力资源本身发生低效率、损失浪费或人力资源本身给组织带来损失的可能性。

1. 人力资源风险类型

人力资源录用风险，是由于在录用过程中，由于录用时的信息不对称导致不合格人员被录用而形成的潜在风险。

人力资源使用风险，是在使用和培养过程中，由于管理措施不当或人力资源本身原因对组织目标造成损害的可能性。

人力资源流失风险，是由于人力资源流出可能给组织造成损失的可能性，如关键人物离职、泄密导致竞争力下降等。

2. 审计要点

（1）个体目标与组织目标的差异：由于追求自己的目标而损害组

织利益,或过于迁就组织目标而损害个体利益导致个体积极性受损失。

（2）感情因素：组织对个体的认同感和成就感是重要因素,如果失衡便导致个体积极性的挫伤,矛盾冲突引发风险。

（3）事业发展：如果组织不存在个体发展空间,或组织发展空间与个体发展空间不一致,则导致人力资源流出风险。

（4）公平因素：组织内部不同员工之间的公平、员工投入与报酬的公平、员工与组织外部比较的公平等,不公平必然引发风险。

（5）薪金福利待遇：薪金福利待遇低下或持续止步不前必然引发风险。感情留人、事业留人、待遇留人,是最好的风险防范措施。

（二）采购风险管理审计

1. 外部风险

物资采购外部风险是由于自然环境、价格变动、经济政策、技术进步、质量下降、合同欺诈等因素造成的意外风险。

2. 内部风险

物资采购内部风险是由于采购量不能及时供应生产之需要,造成缺货损失导致生产中断,或者是盲目采购物资,造成积压,产生巨大机会成本,这主要是计划不周带来的风险。

3. 审计要点

第一,采购决策方案审计（采购数量、采购费用、采购方式）。

第二,采购计划完成情况审计。

第三,采购成本审计。

第四,仓储保管审计。

（三）营销风险管理审计

1. 营销环境风险

由于国家的相关政策及风俗习惯的变化对产品销售产生的风险。

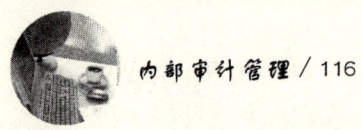

2. 竞争对手风险

竞争对手的明显优势、市场份额的增加等给自己带来的风险。

3. 消费者需求变化风险

消费者需求变化、替代品的出现导致产品积压带来的风险。

4. 营销人员风险

营销人员自身素质与道德,造成营销业务的错误与舞弊给企业带来的风险。

5. 审计要点

第一,销售决策审计(销售方式、最优售价、特殊定价)。

第二,销售计划执行审计。

第三,销售客户信用审计。

第四,销售开单结算审计。

第五,市场研究、目标市场选择与开发审计。

(四) 合同风险管理审计

1. 合同风险管理

(1) 合同管理必须建立完善的七项基本制度:合同授权审批制度、合同编制与审核控制流程、合同会审制度、合同订立与印章控制流程、合同专用章管理制度、合同履行控制流程(变更、违约、纠纷与解除)、合同违约与纠纷处理制度。

(2) 合同管理要做到"六个要":主要条款要完备、合同内容要合法、权利义务要对等、经济责任要明确、文字表达要清楚、签约手续要齐全。

(3) 合同管理要实现"六个防":防止草率签约,不订"扯皮合同";防止强加于人,不订"霸王合同";防止越权代理,不订"衙门合同";防止资信不明,不订"空头合同";防止不正之风,不订"后门合同";防止投机钻营,不订"违法合同"。

2. 合同风险分析

第一,合同风险的一般来源,可能来自合同管理制度不健全引起的风险、合同对方信誉不足引起的风险、合同标的质量低下引起的风险、财务收款与付款结算引起的风险等几个方面。

第二，合同订立风险分析，未订立合同、未经授权对外订立合同、合同对方主体资格未达到要求、合同内容存在重大疏忽与欺诈等情况可能导致企业合法权益受到侵害。

第三，合同文本风险分析，重点把握合同主体的法律资格、合同条款的完备性、合同内容的合法性、双方权利与义务的明确性、合同履行的实用性（履行、违约、管辖地实施）、合同语言表达的准确性等方面。

第四，合同执行风险分析，合同未全面履行或监控不当，可能导致企业诉讼失败、经济利益受到损失；合同纠纷处理不当，可能损害企业利益、信誉和形象。

第五，买卖合同风险，还要特别关注合同主体的经营能力与履约能力，买卖物品的质量标准与异议，交货地点与交货方式，财务结算方式，违约责任界定，合同纠纷管辖地的约定等主要环节。

3. 合同审计要点

第一，合同项目与单位生产经营计划的符合性。审计部门是计划执行的窗口，如果签订无计划的合同，就造成了事实上的计划外开支，打乱了集团公司的财务预算计划，影响企业的财务收支平衡。在经济合同审计时，首先要查看是否有年度计划，如果无年度计划，则必须办理追补计划，否则一律不予办理。

第二，合同本身的合法性（内容合法性、对方主体合法性）。

第三，合同条款的完整性（当事人名称住址、标的名称、数量与质量、价款与酬金、履行期限地点方式、违约责任、解决争议方法、其他约定等）。

第四，加强对对方单位资信情况的审计，在审核对方单位资信情况时，严格坚持"四个拒签"：资信情况不明单位的合同拒签，超过该单位经营范围的合同拒签，违反相关法律的合同拒签，注册资金不足的单位的合同拒签。

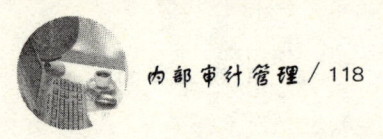

第五，合同履行的有效性，业务、技术、制造、财务、质量检验、内部审计、高层管理者等部门在合同管理中的分工。

第六，加强付款方式的审计控制，特别是加强经济合同的预付款的审计控制，一般合同不给预付款，没有与本单位发生过业务往来或未建立信任关系的业务单位的合同，一律不给预付款。

五、行政事业单位审计

（一）行政事业单位内部审计现状

（1）内部审计观念落后，认为审计就是挑毛病、找麻烦，没有意识到内部审计是从根本上防范本单位的各种风险。

（2）领导不重视，一般的管理层领导认为审计部门可有可无，没有太大作用。

（3）审计机构不独立或地位低下，有的单位审计工作依附在财会部门，有的单位根本没有专职内部审计人员。

（4）审计定位不明确，不知道内部审计究竟做什么。

（5）审计人员"里外不是人"，审计方法有待改进。

（6）内部审计以事后财务审计为主，审计报告多体现为"马后炮"与"验尸报告"，根本无法体现审计工作的建设性。

（二）行政事业单位风险识别

行政事业单位的风险主要体现在以下方面：

（1）环境风险：行政机关事业单位相关政策变动、重要岗位人事调整、机构改革和突发事件等变化引发的环境风险。

（2）设计风险：行政事业单位内部控制制度，在计划的整体性、周密性、协调性、规范性等方面的欠缺引发的设计风险。突出表现在机构设置的不合理、岗位职责不明确、岗位与岗位之间的脱节、部门与部门之间的脱节等方面。

（3）利益风险：行政事业单位内部的眼前利益、部门利益与个人利益的相互交织矛盾引发的利益风险。

（4）执行风险：表现在业务执行中的越位、缺位、不到位、无效果等方面。

（5）人为风险：相关人员的责任意识欠缺和工作能力低下而引发的风险。

（6）考核风险：单位为应付上级部门的各种政绩考核，因极端行为而引发的风险。

（7）监管风险：纪检、监察、会计、审计等机构的独立性与权威性欠缺导致的风险。

（三）财务收支审计

1. 收费的真实性、完整性与合法性审计

收费审批权限，有无擅自设立收费项目；收费入库情况的及时性与正确性；票据领用、缴销与库存情况；正确区分预算内与预算外资金；防止隐瞒、截留、转移等情况；防止坐收坐支情况。

2. 支出的合法性与效益性审计

经费使用的真实性审计，防止虚列、转移下属单位；经费支出用途与开支标准审计，防止挤占、挪用、提高标准、扩大范围、浪费等现象；经费使用效益审计，即花钱效果审计，查看行政机关事业单位法定职责履行情况、预期目的、提供优质服务与社会效益等。

3. 资产的完整性审计

审计资产管理各个职能部门的职责划分的合理性与衔接状况，主要是财务部门、资产管理部门与使用部门的职责划分与业务流程的衔接；检查资产增加的入账制度完备性，防止出现账外资产；检查资产领用手续与制度的严密性，防止资产实物的滥发和失控；检查资产盘点制度是否定期执行，防止财产被盗窃；检查资产核销制度的规范化，防止资产的随意流失；检查货币资金管理制度的科学性，防止货币资金流失。

4. 往来款的真实性审计

往来款的检查主要审计暂存款、其他应付款的长期挂账现象,检查上级拨入、下级上交、自己收取等项目资金的会计处理渠道。

5. 专项资金的"变道"识别

行政事业单位专项资金比重较大,在使用中"变道"现象比较严重,具体表现有:直接挪用,账户列支与专项无关费用;间接挪用,专项资金与正常经费交织使用;挂账型,以暂付款形式把专项资金长期挂账;周转型,在其他资金调度困难时使用专项资金但不记账;把专项资金以各种名义转移到其下属单位,再以报销手段套取资金;申请两项以上专项资金,做同一件事;以各种形式凭证套出资金挪用。

(四)签字与会议记录审计

1. 签字审计

(1)签字的完整性审计。任何财务收支的原始凭证都有经办人(证明人)、领款人、审批人等。如果没有任何人签字,说明内部控制严重缺失;如果没有领导签字,说明在逃避领导监督;如果只有领导签字,说明领导包揽一切;如果经费开支没有领款人签字,说明存在虚开发票、冒领行为。此外,要加强票据的领用与缴销制度的审计工作,查看票据是否有专职人员管理。

(2)签字人与其职责是否相符。一般情况下,签字人与其履行的职责是相符的,例如:验收货物是保管员,车辆维修是驾驶员,运输支出是运输部门,食堂支出是总务人员、厨师等,广告支出是营销部门。如果出现交叉错位的签字现象则作弊的可能性较大。

(3)签字的真实性审计。如果频繁出现签字、字迹类似现象、字迹的异常等现象,审计人员要格外提高警惕。

2. 会议记录审计

会议记录提供的相关信息有:重大投资决策、资金筹集与分配、资金使用与管理、发放福利与岗位人事调整等,这些信息是重要的审计线索,审计人员必须高度重视。

虚假会议记录可以分三类:一是完全虚假,为应付检查会议记录出现一个人笔迹、新笔迹、新笔记本等现象;二是部分虚假,会议记录出现添加现象,注意异常笔迹、行文方式、字体大小、文字风格等方面;三是与事实不符的会议记录,可能记录人开小差没听清楚或理解错误而胡乱记录。

会议记录的分析判断有以下方面:如果会议记录出现主持人或最高领导首先表态,后面人陆续表态,而且表态千篇一律,可能是决策不民主;如果是会议记录显示与会人员先谈看法,个别人有反对意见,会议有记录理由或没有记录理由,则审计要调查反对理由的相关人员与事项;如果出现重大决策所有人员都发言,但个别人没发言的情况,则需要延伸审计调查的范围与对象;如果到会人数与应到人数存在差异,审计要分析缺席的原因,并进一步做好延伸调查工作。

（五）绩效审计

1. 行政成本审计

行政成本简单地说就是行政事业单位在履行职责时发生的必要的经费支出。开展行政成本审计就是审查行政事业单位经费支出的真实性、合法性、效益性,发现和纠正经费管理中存在的问题,从而提出合理化建议,监督其堵塞漏洞,节约开支,提高资金的使用效益。一是审计单位经费开支真实性、合法性,重点查处有无乱发放奖金、补贴等行为,有无招待费用超支问题,以及其他不符合规定的支出等,在此基础上准确掌握该单位近年来行政成本的总体规模。二是全面摸清经费支出中各个项目近年来的具体支出情况。三是利用分析对比的方法,审查各项经费的增减变动情况,对一些增支项目进一步分析增长的具体原因,同时,计算出人均经费支出情况并加以分析对比,计算出节约浪费的金额。四是根据分析对比的结果,从管理体制和管理机制上提出合理化建议,达到节约经费,提高效益的目的。

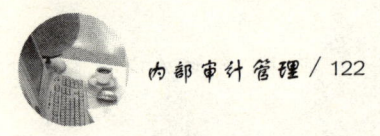

2. 专项资金使用效益

以资金运行轨迹为主线，从管理、使用等环节发现问题，确保专项资金发挥更大效益。一是审查政策的执行，查看是否按规定分配、拨付专项资金，有无挤占、截留或挪用的问题、有无因资金拨付不及时而影响专项资金效益的问题。二是审查管理使用情况，查看管理制度是否健全有效，内部管理机构是否及时跟踪监督，责任人员的作用发挥是否到位，有无因管理不善造成损失浪费等问题。三是审查效益发挥情况，将实际与可行性报告对比，与同行业对比，查看项目经济、社会和环境效益的发挥情况，并对资金运用情况进行总体评价，提出改进建议。

3. 资产管理使用效益

对单位资产管理使用效益进行审计，主要有以下方面：一是审计资产的完整性，包括资产购置的真实性、合规性，查看资产购置是否进行了政府采购或招投标，有无存在私自购置的问题；资产核算是否规范，查看有无账外资产，确保资产的真实完整；二是审计资产管理环节，查看管理制度是否健全，管理制度运行是否有效，管理、使用、责任是否落实到位等；三是审计资产效益发挥情况，重点审查资产利用率，查看有无因资产闲置或使用不当及管理不善而造成损失浪费的问题，同时，有针对性地提出审计建议，进一步提高资产利用效率。

4. 投资项目的效益

对单位投资项目进行审计，主要从项目建设、管理、运行等方面揭示存在的问题，提高资金效益。一是投资决策方面的审计，主要审查投资决策程序是否规范，是否做到民主、科学决策，可行性研究是否全面、具体，是否符合环境保护方面的要求，预算编制是否合理，投资计划是否经有关部门批复，项目用地手续是否齐全等。二是项目管理方面的审计，包括项目管理制度的建立及运行情况，主要是项目组织管理、项目招投标手续、合同签证、物资采购等。同时，审查工程预算、结算、决算、设计变更及现场签证，以及合同执行、工程进度及造价等，并对工程项目管理目标的实现情况进行分析，进一步评价项目管理是否到位。

三是财务管理方面的审计,突出对财务管理制度健全性、有效性和财务收支的合法性、经济性进行全面审计。运用分析对比的方法对项目运行的财务状况进行分析,找出项目财务管理中的薄弱环节,提出合理化建议,以促进提高财务管理水平。四是投资效果方面的审计,主要审计项目运行效果情况,看项目运行效益是否达到可行性研究报告的目标,并从中发现问题,提出改进建议,使项目的经济、社会和生态效益得到更有效的发挥。

(六) 会计集中核算制下的新问题研究

行政事业单位实行会计集中核算制以后,出现了一些新的问题,使审计工作也出现了新的挑战。一是物质运动与价值运动相脱节,单位具体经济业务与会计核算业务相分离,审计对象变为两个客体,使审计成本与审计风险增加,审计效率下降;二是审计方法发生变化,审计重点由银行账户审计转向资金使用的跟进审计、延伸审计、跟踪审计、外围调查等方法的创新;三是会计核算中心内部控制制度与各单位内部控制制度的有效衔接问题日益突出;四是"小金库"为适应新形势出现了新的变化,传统的、低级别的、偷偷摸摸的"小金库"形式正在消失,"瞒天过海"式的披着合法外衣的"小金库"形式正在形成。

 **主要参考文献**

[1] 中国内部审计协会.内部审计理论与实务[M]. 北京:中国石化出版社,2004.

[2] 谢科范.企业风险管理[M]. 武汉:武汉理工大学出版社,2004.

[3] 王晓霞.企业风险审计[M]. 北京:中国时代经济出版社,2005.

第十一章　效益审计

关于效益审计,学者与实务工作者的态度不一。学者重点研究效益审计的重要性、定义、本质、特征、程序、方法等方面。实际工作者则抱怨无理论、无法律依据、没有标准、无法开展工作。笔者认为,当前效益审计重点还是从开展决策审计、提高决策效益,强化资金效益审计、提高资金利用效果,加大基本建设效益审计、促进增收节支,开展成本费用审计、减少损失浪费等方面开展,效益审计需要创新审计思路和方法,从根本上推进节约型社会的建设。

一、关于效益的基本认识

效益有经济效益、社会效益与生态效益之分。

社会效益是人类行为对社会进步与健康发展的影响,通常体现为精神或社会责任方面的作用,难以用货币计量。

生态效益是人类行为对保持和恢复生态平衡,对生态良性循环方面的影响,难以用货币计量。

经济效益是经济活动中投入与产出的比较关系。

经济活动中的投入如表 11-1 所示。

经济活动中的产出如表 11-2 所示。

表 11 - 1　经济活动中的投入

资源类别	占　用	消　耗
劳 动 力	职工人数	工资与工时
劳动资料	固定资产	折旧与修理
劳动对象	存　货	材料消耗
资　金	资金占用	成本与费用

表 11 - 2　经济活动中的产出

	物质部门	非物质部门
有形成果	实物形态：产量 价值形态：收入	
无形成果		培养人才、改善生态环境、 增加就业机会、提高健康水平

经济效益的具体表现形式如图 11 - 1 所示。

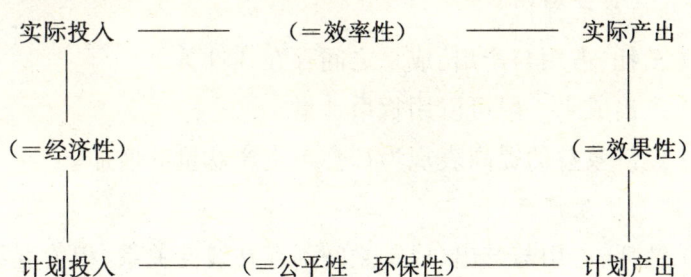

图 11 - 1　经济效益的具体表现形式

经济性是强调对资源的节约使用与控制,努力降低资源消耗(即少花钱);效率性主要是指投入产出关系,要求努力提高经济活动中的投入产出比(即多办事),效果性主要针对目标的实现和完成程度,要求经济活动努力按照既定目标来完成(即办好事);环保性主要关注自然资源的有效利用和生态环境的维护,要求特定主体的行为活动必须以保护环境为前

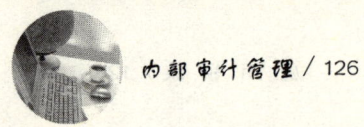

提;公平性主要强调特定主体对社会的贡献程度,包括所产生的利润分配和再分配的公平性和对维护社会稳定、促进社会发展的影响程度。

（一）经济效益计算方法

1. 减法：产出－投入＝经济效益

如：收入－成本＝利润

该方法计算的经济效益是用绝对数表示的指标,反映经济效益规模大小,但是不利于在不同经济主体之间进行经济效益比较。

2. 除法：产出÷投入＝经济效益

如：息税前利润÷总资产＝总资产报酬率

该方法计算的经济效益是用相对数表示的指标,不能直接反映经济效益的规模,却能反映经济效益水平和程度,剔除了经济活动规模大小的影响,便于在不同规模经济主体之间进行经济效益比较。

（二）不同部门经济效益特点

1. 物质生产部门

（1）消耗、占用与产出、成果之间存在线性关系。

（2）产出成果一般可以用货币计量。

（3）经济效益的提高表现为社会再生产总量的增加。

2. 非物质生产部门

（1）消耗、占用与产出、成果之间不存在线性关系,相关度不高。

（2）产出成果难以用货币计量。

（3）经济效益的提高表现为资源消耗和占用的节约、增加服务的数量与质量。

（三）经济效益与利润的关系

（1）经济效益与利润是相互联系的两个概念,但不能等同起来。

（2）利润是按照会计准则中的权责发生制和配比原则计算确定

的,也是投入与产出的比较。

(3) 经济效益既包括当前实现的效益也包括潜在效益,既包括直接效益也包括间接效益。将利润等同于经济效益的缺陷:① 利润不能体现经济活动的长期效益,导致企业短期行为,拼设备、拼消耗,丧失可持续发展;② 利润不能反映经济活动带来的间接效益,如提高产品质量给购买者带来的利益;③ 价格体系未理顺前,利润不能反映真实效益。

(四) 提高经济效益途径

1. 经济增长方式由粗放型(外延型)向集约型(内涵型)转变

粗放型是单纯依靠增加投资、扩大规模、增加人员和设备等方法来实现经济效益增长的,其表现形式是高投入低产出。集约型是在人员、设备不增加的前提下,主要采用先进技术和工艺、改进机器设备、提高产品的科技含量等方法实现经济效益增长的,其表现形式是低投入高产出。集约型增长方式从根本上来说是讲求投资报酬率,强调增资可以增产但不一定增销,增销不一定增利,增利不一定能增加投资报酬率。因此,以投资报酬率定销、以销定产、以产定投资,实行增产节约、增收节支、增销节资等三增三节。

2. 充分采用各种现代管理方法,提高经营管理水平

积极开展经营审计和管理审计是提高经济效益的一种有效途径。

二、关于效益审计

效益审计的开展根源于:第一,政府公共支出的不断膨胀;第二,国家经济资源的有限性;第三,民众素质的提高,民主意识的增强,取之于民,必须用之于民,而且必须经济有效地用之于民。效益审计按照内容分类划分为业务经营审计和管理审计两大类。

1. 业务经营审计

业务经营审计以谋求最大限度利用现有资源,最充分地挖掘人力、物力和财力资源的潜力为目的,主要评价审计对象是否努力改善和充

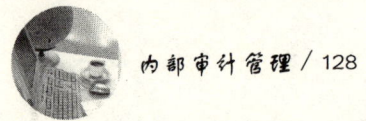

分利用现有物质条件和技术条件，评价生产力各要素利用的具体方式和手段的合理性和有效性。

业务经营审计是直接开发利用现有的人力、物力、财力资源，主要审计生产力诸要素的开发利用和实现效益的程度，并对具体业务经营活动进行的审计。

业务经营审计包括以下两个方面：

（1）业务经营活动审计：通过审查业务经营过程，寻求提高业务经营效率的途径。它包括：经营策略审计、经营计划审计、经济合同效益审计、生产过程效益审计、销售效益审计等。

（2）生产力要素审计：通过审查生产力各要素的运用情况，寻求充分运用人力、物力、财力资源，实现最佳经济效益的途径。它包括：人力资源效益审计，材料、设备、能源利用效益审计，资金运作效益审计等。

2. 管理审计

管理审计是以谋求改善管理者素质，提高管理水平和管理效率为目的的审计，主要评价管理组织、管理机构的合理健全性；内部控制制度的健全有效性；决策、计划、领导、控制等管理职能的效率。

管理审计是在现有技术水平和技术装备条件下，即在人、财、物的利用技术不变的前提下，通过改变管理组织和管理方法，改善管理者素质，提高管理效益来实现经济效益的。

第一种管理审计包括：计划管理审计、生产管理审计、物资管理审计、人事管理审计、技术管理审计、质量管理审计、设备管理审计、财务管理审计等。

第二种管理审计包括：决策机能审计、计划机能审计、组织机能审计、领导机能审计、控制机能审计。

三、行政事业单位效益审计基本方向

（一）资源投入的经济性

（1）人员配备情况审计：人力资源计划与编制，人力资源结构的合理性。

（2）资金运用情况审计：单位预算编制与年度工作计划，预算执行和工作进行情况，预算执行结构与年度决算编制，财经纪律执行情况。

（3）财产物资投放情况：财产物资的取得，财产物资的使用，财产物资的管理和养护情况。

（二）工作的效果性

工作任务完成情况，考核业绩完成情况，社会评价与群众认可度。

（三）管理的效率性

管理机构设置的合理性，工作效率性，管理方法科学性，决策民主化与管理制度规范化。

四、企业供产销价格审计

价格审计是企业审计理论研究的新课题。开展价格审计有利于消除流通领域的不正之风，规范市场秩序，开展公平竞争；开展价格审计有利于推动国有企业改革的顺利进行，有利于提高企业经济效益。其重点审计领域包括购价审计、成本价审计和销价审计。

随着生产力的发展、企业定价权的扩大、买方市场的逐步形成，价格已成为企业竞争的关键因素。为了规范市场秩序，开展公平竞争，推动国有企业改革顺利进行，防止企业效益从价格领域流失，加强价格审计监督已成为企业审计研究的迫切要求。

（一）企业价格审计的现实意义

价格审计是以价格及其构成要素为对象，以促进企业实现其管理目标的经济效益审计。经济效益审计就是对经济效益实现途径的开发利用和实现程度的审计。价格是企业收入、成本、费用的重要组成部分，价格的高低，直接影响到企业的经济效益水平。在合理的范围内降

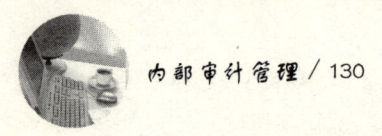

低成本、降低购价和提高售价是提高企业经济效益的重要途径。

开展价格审计有利于规范市场秩序,有利于制约购销活动中的徇私舞弊现象,防止价格对价值的背离,避免企业合法收入通过不合理的价格流入某些人的腰包,净化交易环境,促进公平竞争。同时,开展价格审计,发现企业价格管理中的问题,促进企业增强市场意识和效益观念,改进企业内部管理,提高企业经济效益。

开展企业价格审计有利于国有企业改革。通过价格审计,在保证产品质量的前提下,降低生产要素的进价和消耗,在市场允许的范围内提高销售价格,增加盈利,实现企业经济效益,价格审计已经成为国有企业扭亏增盈的重要因素,为国有企业改革的顺利进行奠定了基础。

价格审计的目的是防止出现不合理价格因素造成企业经济效益的流失。审计主体一般是内部审计机构和内部审计人员,审计时间可以是事前、事中和事后。事前审计目的是及时发现不合理的价格因素,把问题消灭在决策之前。事后审计目的是通过揭示不合理的费用要素,提出改进管理的建议和方法。事中审计目的是控制各个环节的价格行为,力求最大限度降低购价和成本、提高售价,实现企业经济效益最大化。

(二) 购价审计

随着市场经济的发展,外购物资的价格千变万化。在企业物资采购中,有些物资采购员业务素质低,对工作不负责任,采购的物资质次价高;有些采购员故意提高物资采购价格,自己从中吃回扣,坑了企业肥了自己,造成企业物资采购成本居高不下。企业购价审计的主要目的是在合理的范围内降低购进价格,节约开支,为生产和销售奠定良好基础。开展购价审计的主要策略如下。

1. 建立价格信息中心,收集价格信息资料

为了在工作中全面、快速、准确地把握价格信息,企业应建立价格信息中心,订阅有关物价信息资料,将价格信息输入微机,随时查阅。

通过 Internet 了解现有市场价格变化。对信息进行分类,建立材料物资价格档案,根据市场和购进物资价格的变化,及时调整档案,使材料物资价格跟上市场的发展变化,掌握价格上的主动权。

2. 采用 A、B、C 分类法,重点和一般相结合

对于采购金额较大的主要外购材料列入 A 类(例如某种材料采购金额占全部材料总金额的比例达到 50％),作为重点审计对象,逐项将价格目录输入微机,密切关注市场变化,做到心中有数。对于每次采购金额较小的外购材料列入 C 类(例如采购金额在 1 000 元以下),采购单位可以不报采购计划,由采购单位进行价格控制,审计人员只进行事后审计。对于介于 A、C 类之间的材料归为 B 类,只进行事前和事后的简单抽查审计。

3. 坚持货比三家,以综合经济效益至上为审价原则

外购材料物资坚持货比三家,以质高价廉、费用最低、综合经济效益最佳为基本原则。每一种外购材料物资都要选择三个以上的供货单位,同样产品比质量,同样质量比价格,同样价格比信誉。在此基础上,审价人员对主要外购物资确定最高限价,只准低买不准高进,节约奖励超价罚款。

4. 坚持事前审价和事后审价相结合

事前不经审价,财务部门不予借款;事后不经审价,财务部门不予报销付款。各单位每月月末将下月采购计划一式三份报审计处。经审计人员签字盖章后,一份返回采购单位,作为采购依据,一份送交财务部门,作为各单位的采购用款计划,一份由审计处留存。采购任务完成后,采购员将发票和入库单送交审计处,由审计人员签字盖章后,财务部门方可报销付款。

5. 加强运价审计

运价是伴随着企业购进材料物资而发生的,并构成采购物资进价成本。运价的高低直接涉及购价的高低。运价审计的目标是在综合考虑相关因素的前提下,力求以最低的运价把货物安全及时地运到目的

地。要加强运价的合理性和合法性审计。由于运输方式(水运、空运、铁路运输、公路运输)不同,运价也不一样;由于我国地域辽阔、地理条件千差万别,公路运输价格也大不一样。在保证货物安全、不影响生产经营的前提下,选择最合理的运输工具,以降低运价,对此审计人员要予以关注。

6. 加强招标采购审计

大宗货物成交金额大,供货商可以获取较多的利润,减少交易费用,能在一次交易中给予较大优惠,采购时一般采用招标法。招标采购有利于实现同等质量条件下的低价采购,为企业节省采购资金,降低采购成本。购价审计要监督招标的方式,程序是否公开、公平、公正,测算确定所购货物的公允价格,保证中标价不仅是参与投标人中最优的,也是事实上最为合理的。

7. 加强不可询价货物购价审计

不可询价货物一般供货商较少,同性能、可替代物品少甚至没有,审计人员难以从市场上获取价格信息,适宜采用价格推算法,从物品消耗的直接材料、直接工资、制造费用、管理费用、财务费用、销售费用等要素费用入手,加上法定税金以及合理利润测算其价格,并综合专家意见,确定可接受的采购价格。

(三)成本价审计

成本价审计是对成本构成要素消耗量的合理性和有效性进行的审计,其范围包括材料费用、工资费用、制造费用、期间费用、废品损失和停工损失,审计目的是努力降低消耗,减少损失浪费,发现企业成本管理中薄弱环节,加强成本控制,尽量降低成本,提高企业经济效益。审计采用的方法是对比分析法,将实际数字与计划数、上期数比较,找出问题,确定审计重点。

1. 劳动对象审计

劳动对象审计即原材料使用效益审计,目的是挖掘节约用料、提高原材料利用率的潜力,审计内容是原材料消耗情况和原材料利用效率情况。

审计原材料消耗情况就是考核材料消耗指标的完成情况,评价材料消耗的节约或超支,研究节约材料的途径。一般用单位产品原材料消耗量指标和原材料利用率指标进行考核。

单位产品原材料消耗量是指生产每单位产品平均消耗某种原材料的数量,一般情况下,单耗越低越好,审计时可以将实际单耗与计划单耗、前期单耗、同行业单耗比较,通过比较分析单耗上升的原因,努力提高材料利用水平,降低材料成本消耗,提高企业经济效益。

原材料利用率是指产成品中包含的原材料重量与原材料消耗总量之比,反映原材料有效利用程度,材料利用率越高越好。审计时应将实际指标与计划指标、前期指标、同行业指标比较,计算材料利用定额完成情况。

与原材料利用率相对应的指标是原材料损失率,是指废品中材料占原材料消耗总量的比重,原材料损失率越高,产品成本越高,企业效益越差。

企业应在不改变产品性能和质量的前提下,尽量提高原材料利用率,降低单位产品原材料消耗量,降低原材料损失率,从而提高企业经济效益。

2. 劳动资料审计

劳动资料审计即固定资产利用率审计,其目的是最大限度利用现有固定资产,增加产品数量,提高经济效益。审计的主要内容如下:

(1)审查固定资产增减变动及结构的合理性。企业应尽量减少未使用固定资产和不需用固定资产的比重,根据自己企业具体情况合理配置生产用固定资产、非生产用固定资产和租出固定资产所占比重,最大限度发挥生产能力。审计人员要审查固定资产的结构比例,对结构不合理的状况提出改进意见。

(2)审查现有固定资产的利用情况,使现有设备最大限度投入使用。对固定资产利用情况进行审计,可以促使企业对固定资产加强维护保养,减少修理费用,增加企业利润。由于我国企业固定资产折旧大部分是采用平均年限法,在折旧额一定的情况下,充分利用现有设备,提高产品产量,相对降低折旧费用和生产成本,提高企业效益。

(3)审查现有设备工作时间的利用情况,计算设备时间利用率。设备时间利用率是指设备实际作业时间占全部可利用设备时间的比例。努力减少计划外停工时间,使设备发挥最大效用。审查设备生产能力利用情况,设备生产能力是设备在一定时期内所生产产品的产量,审查设备生产能力利用情况,就是查明企业目前实际生产能力达到的水平,并与计划生产能力、设计生产能力比较,揭示差异,挖掘提高设备利用率的潜力。

3. 劳动力审计

劳动力审计,一方面是促进劳动力结构合理配置,另一方面是促进劳动生产率的提高。

(1)加强劳动力结构审计。劳动力结构是指各类职工在职工总数中所占的比重。劳动力结构分布是否合理,影响到劳动力总体效率,影响经济效益。合理的劳动力组合,可以发挥最大群体优势。低工资、高就业曾是我国企业用工的一大特点,其后果是人浮于事、效率低下,因此"减员增效"应成为内部审计的重要内容。随着科学技术发展,知识经济到来,劳动力结构发生重大变化,从事科学技术研究开发的高级管理人才比重加大,要加强高科技人才利用程度审计,避免人才浪费带来的负效益。

(2)加强劳动生产率审计。劳动生产率审计主要体现在工作时间利用情况和单位时间内生产的产品产量。"出工不出力"、"没有功劳有苦劳,没有苦劳有疲劳"是我国企业效益下降的原因之一。有充足的劳动力并不等于所有劳动力都能充分利用。要加强检查职工的出勤情况,检查工作日的利用情况和工时利用情况,研究窝工浪费以及无效工时产生的原因,探讨提高利用工时效率的途径。分析单位时间内生产产品产量提高或降低的原因,并从实际出发提出进一步挖掘提高劳动生产率潜力的措施和建议。

（四）销价审计

销价审计是指审计人员对企业销售商品价格的合法性、合理性和效益性进行的监督检查。合法性是指在产品销售过程中，营销人员有无营私舞弊、损公肥私、损害企业利益的行为。合理性是指销售价格是否与销售策略相协调，销售价格的制定是否合理。效益性是指销售价格是否服务于企业价格最大化目标，营销人员是否以最大的意愿为企业实现更多的销售和利润。

1. 销价策略审计

产品价格策略有高价位策略、低价位策略和中间价位策略。不同的价位策略其目的不同，审计时要对定价策略的目的性、可行性、有效性和由此带来的负面效应作出全面合理的评估，按成本效益原则，权衡利弊得失。高价位策略可以在短期内迅速获取高额利润，提高产品知名度，但为达到一定市场占有率而支出大量促销费用是否得不偿失？若长时间的高价位并没有使销售收入明显增加，应建议企业及时调整价格政策，适当降低价格。低价位策略可以迅速打开市场，提高市场占有率，有利于挤垮竞争对手，但容易造成资金回收过慢的不良现象，低价位销售策略实施后如果扩大了市场份额，就要给予积极肯定的审计评价。要注意审查评价销价策略与产品特征相适应。高价位策略适用于产品价格弹性小、生命周期短、市场份额小的产品和高科技产品。低价位策略适用于产品价格弹性大、具有较大市场潜力、市场竞争激烈的中高档产品。产品价格策略要与产品的特点、类型相适应，充分考虑产品的价格弹性，否则适得其反，影响企业销售成果和经济效益。要注意检查企业价格策略有无违反国家物价政策和物价法规，避免不必要的损失浪费。对于实行现金折扣销价策略，应对折扣造成的损失与客户提早付款带来的收益进行科学评估，把信用期限和折扣比例限定在合理的范围，评估现金折扣政策的实施是否有效地减少企业坏账。

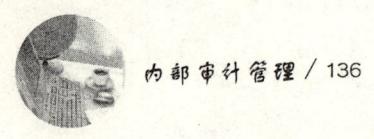

2. 合同价格审计

合同价格审计要以价格为重点,对销售合同的各项条款进行全面审查,审计主要内容如下:

(1) 审查购货方的法人资格。通过审查,确定对方是否具有法人资格,并对其商业信誉、偿债能力进行全面评估,提出合同签约的审计意见。

(2) 全面审查合同条款,包括产品名称、规格、数量、价格、交货地点与方式、付款方式与期限、双方权利与义务,确保双方意见表达准确和充分,防止理解上的偏差。

(3) 追究违约行为的经济责任。对于违约行为应查明原因,若是对方责任,要追究其违约责任并要求赔偿损失;若是企业自身责任,应追究有关部门和人员的责任。

(4) 审查企业自身的履约能力。检查企业有无实际生产能力,能否及时交货,能否达到购货方对产品质量和技术性能的要求,能否兑现售后服务的承诺。

3. 销价执行审计

销价执行审计的重点是关注销售部门、销售人员有无存在与对方"同流合污"、"暗箱操作"等违规行为,从而导致企业经济效益的流失。

对于商业折扣的审计应把握折扣比例的确定是否符合企业批量销售的要求,折扣比例一般在交易发生时确定,交易发生时间是审计的关键控制点,要加强销售合同的监督,监督折扣比例是否符合规定要求,有无随意折扣的现象。

对于销售折让的审计应重点检查减让幅度是否经过有关领导批准,是否经过质量检验部门的验证,有无完整的相关凭证,减让幅度是否符合成本效益原则。

通过实际销售价格与最低销售限价的差异,评价销售部门的工作成绩。实际销售价格与最低销售限价的差异是对销售部门销售成果的量化反映,能够综合、直观地反映销售部门在提高产品销售价格,扩大产品销量方面的成绩。通过这一指标的考核,激发销售人员的积极性,有利于开拓市场,扩大销售;通过差异分析,寻求销售过程中存在的问题,以期改进。

五、工程项目造价审计

开展工程造价审计有利于规范建筑市场,对建设单位、施工企业、设计单位均有积极意义。工程造价审计的范围主要是工程量计算是否准确,预算定额单价套用是否正确,各项取费标准是否符合现行规定,材料价格是否偏离信息行情,以及工程变更联系单是否真实合理等方面。审计的常用方法有全面审核法、重点审核法、对比审核法、标准预算审查法和分解对比审查法。

建筑市场激烈的竞争,以及对建筑市场管理得不够规范,使基本建设领域成为当前违法违纪案件的多发地带,少数建设单位和个人故意在工程造价上做文章,以价高质低来获取暴利和不义之财,损害国家利益、坑害人民群众。一个豆腐渣工程的背后,往往隐藏着不合理的工程造价以及幕后交易,因此,如何进行建设项目的工程造价审计是我国建筑市场必须解决的重大课题。

(一)开展工程造价审计的意义

(1)开展工程造价审计,对促进建筑市场的健康发展具有重大的现实意义。加强工程造价审计有利于提高工程造价的准确性,规范建筑市场的计价行为;有利于贯彻国家的有关方针、政策;有利于降低工程造价,提高建筑产品质量。

(2)开展工程造价审计,有利于建设单位勤俭持家,节约使用建设资金。工程造价经过审计,可以消除高估冒算,排除不正当提高工程造价的现象,有效防止国有和集体资产的流失,提高投资效益。

(3)开展工程造价审计,有利于施工企业加强经济核算,提高经营管理水平。偏高的工程造价会使施工企业轻而易举地获取不应得的高额利润,不费力气地降低成本。所以加强工程造价审计,可以堵塞工程造价中的漏洞,使建筑产品的价值量符合社会必要劳动时间,从而促使施工企业采取增收节支措施,端正经营方向,加强科学管理,以降低工程成本,增加盈利。

(4) 开展工程造价审计,有利于设计单位树立经济观点,提高设计水平。工程造价审计为积累和分析各项经济技术指标提供了准确数据,进而通过有关指标的比较,找出设计中的薄弱环节,以便及时改进,不断提高。

(二) 建筑安装工程造价审计范围

建筑安装工程造价审计的重点,应放在工程量计算是否准确,预算定额单价套用是否正确,各项取费标准是否符合现行规定,材料价格是否偏离信息行情,以及工程变更联系单是否真实合理等方面。

1. 材料价格的审计

为合理确定与有效控制工程造价,建筑安装材料预算价格实行动态管理。以浙江省为例,预算定额中的定额材料预算价格是按《浙江省建筑安装材料预算价格(1994)年》为基础编制的。在此基础上,必须根据省、市造价中心定期发布的市场信息价进行价外差调整。目前,建筑材料价格水平普遍低于 1994 年定额价格水平,六大类材料如钢材、水泥、红砖等多数都是补负差。因此,材料价格的审计是工程造价审计中的重要一环。

材料价格审计的重点在于:材料分析单中用量计算是否正确;材料结算价格是否以合同工期前的 80% 的各月份内发布的市场信息价为基础;按算术平均法计算出单项材料结算价格,是否存在跨期高套现象;无价材料是否经定额站折定为基价水平后,纳入计费基数,然后再补材料差价。

对未发布市场信息价的材料价格的审计如下:建筑行业新工艺、新产品层出不穷,尤其是装饰工程中往往会使用一些高档材料,这些材料品种、品牌繁多,同一名称、用途的材料有时在价格上大相径庭,如花岗岩地板价格从每平方米 200 元到近 3 000 元不等。因此,施工企业在材料使用上选择的余地非常大,赚取的利润就可想而知了。工程的甲、乙双方往往就钻这种空子,在材料价格上做手脚,互相串通,侵占集体财产。有些材料价格看似合理,其实,在实际工程中可能用中档的价格购买低档产品,或是用高档的价格购买中低档产品。审计中必须采用市场调查法多方面验证其材料的真实性,这就要求审计人员收集市场信息资料上刊登的材料价格,另外还要侧面调查,即以消费者或客户的身份,通过向厂家(商家)讨价还价的方法了解材料价格。对一些特殊高档的材料,要求施工单位提供进货发票,并调查发票所列价格的真实性。有些材料价格的认定需要较强的专业知识,仅凭一般知识和上述方法难以取得较好的效果,这就要求聘请专家进行评估,确定价格。

2. 预算定额单价套用的审计

对预算定额单价的套用进行审核,也是建筑安装工程造价审计的主要内容之一。在审计时应注意以下几个方面:

预决算中所列各分项工程的单价是否与预算定额单价相符,其名称、规格、计量单位和所包括的工程内容是否与单位估价表一致。因为分项工程结构构件的形式不同、大小不同、施工方法不同、工作内容不同,则工、料消耗不同,单价自然也不同。

对换算的单价,必须维护定额单价的严肃性。首先,审计换算的分项工程是否是定额中允许换算的;其次,审计换算是否正确。

对一次性补充定额,要审计补充定额的编制是否符合编制的原则,单位估价表的计算是否正确。

在对预算定额单价套用审计中,发现某些施工单位故意高套、错套,以达到多计工程造价的目的,应引起审计人员的重视。同时,应注意工程内容和范围的划分,避免重复套用,尤其注意各施工单位、各分部分项工程交叉结合、衔接等边缘地带。例如,土建工程做地面找平层或整体面层,装饰工程中地面铺装分项工程又计找平层;给排水工程各种管线已按设计安装到位,装饰工程卫生洁具又计管道安装;通风工程

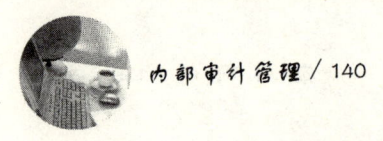

中已计风口、散流器、风机等部件设备,装饰工程又重复计量。

3. 工程量的审计

工程量的审计是一项枯燥、繁琐且耗时的工作,需要审计人员耐心细致、一丝不苟,努力挤掉其中的水分。在审计中,首先需熟悉图纸,仔细阅读建筑说明,以工程量计算规则及有关说明为依据,根据工程现场情况,考虑合理的施工方法和施工机械,分步分项地逐项复核。

(1) 土方工程:平整场地、挖地槽、挖地坑和挖土方工程量的计算是否符合定额计算的规定和施工图纸标示的尺寸,土壤类别是否与勘查资料一致。地槽与地坑放坡和挡土板是否符合设计要求,有无重算和漏算;回填土工程量应注意地槽、地坑回填土的体积是否扣除了基础所占体积,地面和室内回填土的厚度是否符合设计要求;运土方的审计,除了注意运距外,还要注意是否扣除了就地回填的土方。

(2) 打桩工程:注意审核各种不同桩料是否分别计算,施工方法是否符合设计要求;桩料长度是否符合设计要求,桩料长度如果超过一般桩料长度需要接桩时,注意审核接头数是否正确。

(3) 砖石工程:墙基与墙身的划分是否符合规定;按规定不同厚度的墙,内墙和外墙是否分别计算,应扣除的门窗洞口及埋入墙体的各种钢筋混凝土梁、柱是否已经扣除;不同砂浆标号的墙和定额规定按立方米或平方米计算的墙,是否混淆、错算或漏算。

(4) 混凝土及钢筋混凝土工程:现浇构件与预制构件是否分别计算,有无混淆;现浇柱与梁、主梁与次梁及各种构件计算是否符合规定,有无重算或漏算;有筋和无筋构件是否按设计规定分别计算,是否混淆;钢筋混凝土的含钢量与预算定额的含钢量发生差异时,是否按规定予以增减调整。

(5) 木结构工程:门窗是否分不同种类按框外面积计算;木装修的工程量是否按规定分别以延长米或平方米计算。

(6) 地面工程:楼梯抹面是否按踏步和休息平台部分的水平投影面积计算;细石混凝土地面找平层的设计厚度与定额厚度不同时,是否按其厚度进行换算。

（7）屋面工程：卷材屋面工程是否与屋面换平层工程量相等；屋面保温层工程量是否按屋面层的建筑面积乘保温层平均厚度计算，不做保温层的挑檐部分是否按规定予以扣除。

（8）装饰工程：内墙抹灰的工程量是否按墙面的净高和净宽计算，有无重算和漏算。

（9）金属构件制作：金属构件制作工程量多数以吨为单位，在计算时，型钢按图示尺寸求出长度，再乘以每米的理论重量；钢板要先算出面积，再乘以每平方米的理论重量，审核是否符合规定。

4. 工程变更联系单的审计

工程变更联系单是合同的补充，在工程建设过程中，设计单位、施工单位、建设单位、监理单位都有可能提出联系单，由相应单位签证。对工程变更联系单审计的重点在于：

工程变更联系单是否真实、合理，内容应该清楚。在审计时要仔细核对工程施工图和竣工图，变量部分是否有相应的联系单；联系单上有无相关单位（人员）签字、盖章；是否存在某些施工企业利用甲方管理人员对预决算的模糊认识，故意出具与预算内容重复的工程变更联系单；是否存在甲乙双方串通一气搞假签证、假变更行为。同时，也需要审计人员勤跑施工现场，获取隐蔽工程验收、竣工验收等资料，以便分析原因、落实责任。

工程决算是否调增不调减。在招投标确定承包单位和承包价格的情况下，工程决算是在预算的基础上进行增减调整的，施工企业往往在决算时只报增、不报减，或多报增、少报减，审计人员更应加强对工程变更联系单签证的审计，尤其要注意审计工程联系单的完整性。

（三）工程造价审计常用的方法

1. 全面审核法

全面审核法是指对施工单位报送的预决算的每一项工程量、单价和取费都进行审计。其优点是全面和细致,审计质量高,效果好。但缺点是工作量大,时间较长。一般适用于工程量少、结构简单的小工程。

2. 重点审核法

重点审核法是指对施工单位报送的预决算选取重点进行仔细审计。在实际工作中,一般分为以下几种情况:工程量大而且费用高的分项工程的工程量是工程造价审计的重点;工程量大而且费用高的分项工程的预算单价是工程造价审计的重点;补充定额单位是工程造价审计的重点;各项费用的计取是工程造价审计的重点;市场采购材料的价差是工程造价审计的重点。

3. 对比审核法

对一些结构相似、用途相同的建筑产品常用对比审核法。采用该方法的前提是要进行充分的市场调查,通过市场价格的对比寻找差距。一些工序相同的施工企业,其价格具有可比性,每平方米造价是常用的一个对比指标。材料的采购价格也可以采用此方法。

4. 标准预算审查法

这是对利用标准图纸或通用图纸施工的工程,先集中力量编制一份标准预算,以此为标准审查预算的一种方法。这种方法的优点是时间短,效果好,容易定案;其缺点是适用范围小,只能使用于按标准图纸施工的工程。目前住宅工程采用此法审计较多。

5. 分解对比审查法

分解对比审查法是将一个单位工程按直接费、间接费进行分解,然后将直接费按分部分项工程进行分解或将材料消耗量进行分解,分别与审查的标准预算或综合指标进行对比分解的方法,也即是用已建成的工程预算或虽未建成但已审查修正的工程预算对比审查拟建的同类工程预算的一种方法。分解对比审查法的特点是:一般不需翻阅图纸和重新计算工程量,审查时只要选用一两种指标即可,既快又准确。

 **主要参考文献**

［1］陈思维，等.经济效益审计［M］.北京：中国时代经济出版社，
　　　2002.

［2］高岩芳.企业经济效益审计［M］.北京：人民邮电出版社，2006.

第十二章 经济责任审计

经济责任审计是健全权力制约机制和监督机制的重要举措,是健全完善责任制、问责制和责任追究制的必经阶段,经济责任审计有利于完善惩治和预防腐败体系建设。

一、关于经济责任的基本认识

经济责任审计是指审计机构通过对各级各部门领导干部所在单位财政财务收支真实性、合法性和效益性以及相关经济活动的审计,以监督、评价和鉴证相关领导干部经济责任履行情况的行为。

经济责任是指当事人基于特定职务而应该履行、承担的与经济相关的职责与义务,而不是指当事人对其与经济相关的职务行为应当承担的法律后果或当事人应当承担的经济上的后果(如赔偿等)。

经济责任的内涵包括两部分:一是职务上的职责、义务,包括法定或约定的职责、义务;二是基于特定职务身份而应当承担的义务,如国家公务员应当遵守有关廉政的规定,企业领导人应当遵守《中华人民共和国公司法》的有关规定。具体包括直接责任和主管责任。直接责任是指领导干部对其任职期间的下列行为负责:直接违反国家财经法规的行为;授意、指使、强令、纵容、包庇下属人员违反国家财经法规的行为;失职、渎职的行为;其他违反国家财经纪律的行为。主管责任是指领导干部在其任职期间基于其特定的职责而应当负有的除直接责任以外的领导责任和管理责任。领导责任一般是基于领导干部的职务而言,作为一个地区、部门、单位的主要领导,不论主观原因还是客观原因,对本单位在其职责范围内的各种经济问题都应负有一定的责任,即领导责任。管理责任是指领导干部因内部控制制度不健全、监督不力、疏于管理等原因造成的对所在单位的各种经济问题应承担的责任。

尽管在中外审计历史上,没有出现过"经济责任审计"这一概念,但是无论从审计的产生,还是从审计的发展来看,都离不开对于经济责任的审查,把审计作为考核官吏、检查主体行为、追究财物管理人责任的手段,在中外审计史上屡见不鲜。

1983年,中华人民共和国审计署成立,揭开了审计监督新篇章。1986年年底,审计署根据中共中央、国务院颁发的《全民所有制工业企业厂长工作条例》,制定下发了《关于开展厂长离任经济责任审计工作几个问题的通知》,对厂长(经理)离任审计的范围、内容、程序和要求等作了原则规定。1988年起,厂长离任审计工作经常化和制度化。1995年以来,山东实行党政领导干部离任审计制度,把经济责任审计作为考核领导干部政绩、兑现奖惩和选拔任用的必经程序,纳入干部监督管理轨道。1999年5月,中共中央办公厅、国务院办公厅下发《县级以下党政领导干部任期经济责任审计暂行规定》和《国有企业及国有控股企业领导人员任期经济责任审计暂行规定》,经济责任审计成为审计机关的法定职责。2001年起,逐步开展县级以上各级党政领导干部任期经济责任审计,并向高级党政领导干部扩展。2010年12月,中共中央办公厅、国务院办公厅印发《党政主要领导干部和国有企业领导人员经济责任审计规定》,标志着经济责任审计在制度层面上已经走向成熟。

二、经济责任审计的基本特点

1. 经济责任审计的基础是财政财务收支审计

经济责任审计要在财政财务收支审计的基础上,进一步做到:查清领导人员任职期间财政财务收支工作目标完成情况;遵守国家财经法规情况;分清领导干部对本部门、本单位财政财务收支不真实、资金使用效益差以及违反国家财经法规等问题应该负有的责任;查清领导干部个人在财政财务收支中有无侵占国家资产、违反领导干部廉政规定和其他违法违纪问题。

2. 经济责任审计由审计机关与纪检、组织、监察、人事等部门共同组织

经济责任审计首先要由干部管理部门(一般为组织部门)提出审计意见,经党委、人民政府同意后,再由干部管理部门书面委托审计机关进行。审计机关接受委托后负责具体实施。可见,经济责任审计不单纯是审计机关的工作,而是审计机关与纪检、组织、监察、人事等部门共同承担的工作,并建立经济责任审计工作联席会议制度。参加联席会议的各部门根据各自职责有所侧重:审计部门主要负责组织实施经济责任审计和对审计查出的被审计领导干部所在单位和其他相关单位违反财经法纪行为依法进行处理、处罚;纪检、监察部门主要负责对审计发现的领导干部违反党纪、政纪等问题进行处理;组织、人事部门主要负责确定经济责任审计计划并正确、有效地使用审计结果。

3. 经济责任审计＝对事＋对人

经济责任审计是审计监督与干部监督管理相结合的中国特色。

经济责任审计既是审计机关的法定职能,又是干部监督管理的重要环节和组成部分。经济责任审计的结果是干部监督管理部门选拔、任用、奖惩干部的重要参考依据,在干部监督管理工作中发挥着重要作用;而其他审计工作作为审计机关的法定职能,通常与干部监督管理工作没有直接关联,这是经济责任审计有别于其他审计工作的重要特征。

4. 经济责任审计＝财务审计＋绩效审计

财务审计是对被审计单位的会计凭证、会计账簿、会计报表的真实性、公允性、合法性进行审计监督。绩效审计是对政府行为所产生的经济活动的经济性(economy)、效率性(efficiency)、效果性(effectiveness)、

公平性(equity)和环保性(environment)进行客观的评价。经济性是以最低费用取得一定质量的资源,是实际所耗费资源与计划所耗费资源之比。效率性是确保以最小的资源投入取得一定数量的产出,或从一定的资源投入中,力争取得最大产出,是实际所耗费资源与实际所得收益之比。效果性是确保一定的经济活动实现预期目标,是实际业绩与计划业绩之比。公平性是投入资源的社会影响、社会秩序的稳定。环保性是对自然资源的有效利用和生态环境的有效维护,是计划所耗费资源与计划业绩之比。

经济责任审计中的"审计"和我们通常所说的审计是不一样的,任期经济责任审计中的"审计"概念要比我们通常所说的审计概念大,相应的外延要广泛。因为,一般意义上的"审计"概念是"对事不对人",而任期经济责任审计中的"审计"概念是"既对事更对人"。

三、经济责任审计的内容

经济责任审计的对象主要是各级政府组织(含乡镇政府)、各机关部门、行政事业单位和国有企业领导人员,由于各自的经济环境和经济类型存在很大差异,所负的经济责任也不尽相同。一般来说,经济责任的具体表现,包括经济管理责任、经济发展责任和个人经济行为责任三个方面,但各自审计的侧重点不同。对政府组织(含乡镇政府)领导干部审计以任期主要经济指标完成情况、债权债务基本情况及财务管理、内部控制制度的执行情况为重点;对机关部门领导干部审计以其财务收支的真实性、合法性、合理性为重点;对事业单位领导干部审计以预算外资金的收支管理为重点,侧重于收入取得的合法、合理,支出管理的规范性;国有企业领导干部审计以企业资产、负债、损益的真实性、合法性和效益性及有关经济活动为重点,注重企业领导干部任职期间与企业资产、负债、损益有关的各项经济指标完成情况和遵守国家财经法规情况。详见表12-1所示。

表 12 - 1　经济责任审计的类别和内容

分类	各级政府组织领导干部任期经济责任审计的主要内容	各机关部门领导干部任期经济责任审计的主要内容	各事业单位领导干部任期经济责任审计的主要内容	各国有企业领导干部任期经济责任审计的主要内容
内容: 1. 决策权 2. 执行权 3. 管理权 4. 绩效情况 5. 个人廉洁自律	1. 贯彻执行国家重要经济政策情况 2. 重大经济决策和重大经济事项程序和效果 3. 经济发展情况(含主要经济指标完成情况、人民群众生活质量提高水平和投资决策效益情况) 4. 所在地区财政收支的真实性、合法性和效益性 5. 国有资产管理、使用及保值、增值情况 6. 领导干部个人廉洁自律从政情况	1. 预算执行情况 2. 预算外资金收支及管理情况 3. 专项资金管理及使用情况 4. 国有资产管理、使用及保值、增值情况 5. 内部控制制度的健全、有效性 6. 经济工作目标完成情况 7. 重大经济决策的程序和效果 8. 领导干部个人廉洁自律从政情况	1. 财务收支计划执行的真实、合法、效益情况 2. 国有资产管理、使用及保值、增值情况 3. 专项资金管理及使用情况 4. 内部控制制度的健全、有效性 5. 考核指标完成情况 6. 领导干部个人廉洁自律从政情况	1. 企业资产、负债、损益的真实、合法、效益情况 2. 国有资产管理、使用及保值、增值情况 3. 企业收益分配情况 4. 主要经济指标完成情况 5. 企业对外投资和资产处置情况 6. 重大经济决策的程序和效果 7. 企业遵守国家财经法规情况 8. 内部控制制度的健全、有效性 9. 领导干部个人廉洁自律情况

（一）关于贯彻执行国家重要经济政策情况

贯彻执行国家重要经济政策情况的审计,即核查被审计领导干部在任职期间是否严格要求贯彻执行国家的重要经济政策,制定的有关经济政策有无与国家经济政策相矛盾或相抵触的情况。

（二）关于重大经济决策和重大经济事项程序和效果

重大经济决策和重大经济事项程序和效果的审计,即审计领导干部在任职期间所作出的重大经济决策和进行的重大经济事项是否遵循了规定的民主决策程序,该决策的效果如何,是否造成重大经济损失或者取得重大经济或社会成效,分清是集体责任还是个人责任,是直接责任还是间接责任。

(三)关于领导干部个人廉洁自律从政情况

领导干部个人廉洁自律从政情况审计,即审计被审计领导干部是否存在个人经济上的违法违纪行为,是否有贪污受贿问题,以及其他遵守廉政规定的有关情况等。

(四)关于预算执行情况

预算执行情况的审计主要审计预算编报的依据是否真实,与实际是否相符,与财政部门批复是否一致;是否按上级批准的用款计划,结合资金需求进度和资金结存情况,及时拨付和使用;对下级单位的拨款是否按规定标准及时足额拨付;有无截留、挤占、挪用问题;有无向没有经费领拨关系的单位拨款或越级直拨经费的问题;有无虚列支出、弄虚作假,将预算内经费转预算外,设置"账外账"、"小金库"的问题;专项资金是否做到专款专用,有无截留、挤占、挪用问题;经费使用情况如何,有无损失浪费等情况。

(五)关于预算外资金收支及管理情况

主要审计各项资金来源是否符合国家政策规定,是否经过批准,有无擅自扩大范围、提高收费标准、乱收乱摊的情况,征收计算是否正确,有无多征少征的问题;预算外资金是否纳入单位预算的统一管理;各项收入是否如数存入银行,是否及时、足额纳入财政专户管理或上缴财政和上级主管部门,有无挤占、挪用、转移、拖欠等现象;有无以个人名义公款私存或者个人长期占用;有无把预算外资金转"账外账"、私设"小金库"等现象;有无违反国家规定,用预算外资金搞计划外投资、炒股

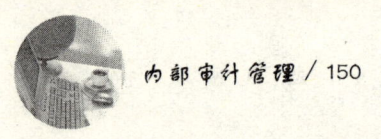

票、炒房地产、进行期货交易及投资入股等。

（六）关于专项资金的管理及使用情况

主要审计专项资金管理制度是否健全、有效；资金的收缴是否按政策规定的范围、标准和比例征收，实行"收支两条线"，做到专户存储，有无多头开户、公款私存问题；是否按国家规定的标准和比例及时提取医疗保险基金等，有无故意拖欠、扩大或缩小发放范围和提高或降低标准的问题。

（七）关于固定资产管理、使用及保值增值情况

对固定资产的审计，要注意把主要负责人任职初与审计截止时间的固定资产数量、价值增减情况作比较分析，以判断其固定资产安全、完整及保值增值问题。

（八）关于债务情况

注意负债的决策依据、原因、用途及形成过程，看是否合理，是否经过集体研究，上级有关部门是否批准，有无超越负债偿还力，盲目举债建设和购置办公用设施，有无借债乱发钱物，随意改变借款用途的问题。

审计重点是：有无严重的虚假账目；有无重大违法违纪问题；有无管理上的重大漏洞；有无重大决策失误导致的严重浪费现象；有无搞"政绩工程"、"形象工程"等造成本地区本单位严重负债现象。

此外，注重内部控制制度的健全与有效性审计。

四、基本评价方法与评价指标

（一）基本评价方法

1. 主观因素与客观因素分析

对具体行为或事项进行主客观分析，推究其具体的主客观成因，分

析该具体行为或事项是成因于领导干部主观过错,还是成因于客观因素的影响,进而作出审计评价。主观因素是责任人为谋取私利及小团体利益,滥用职权、徇私舞弊、官僚主义、玩忽职守等。客观因素包括来自外部的行政干预、国家宏观政策调整、国家税收政策变化、价格变动、市场需求变化、自然灾害等。对于领导干部任职期间重大决策失误,要分析其是否遵循了正常的决策程序,属于客观原因的,审计在评价中应给予分析说明。

2. 正确区分不同责任

领导干部的责任有现任责任与前任责任、个人责任与集体责任、直接责任与主管责任之分,正确区分不同责任之间的界限和不同责任人之间的界限,使审计评价做到责任明确清楚、客观公正。

3. 量化指标比较分析

量化指标比较分析是运用能够反映领导干部履行经济责任情况的相关经济指标,分析其完成情况,不同地区、不同部门、不同性质事项,经济指标的运用也不尽相同。比较方法有纵向比较和横向比较,纵向比较是上任时与离任时的业绩比较,横向比较是将相关业绩与同行业一般状况比较。

(二)基本评价指标

1. 共性指标

(1) 资产负债率 $=\dfrac{负债总额}{资产总额}\times 100\%$

(2) 投资收益率 $=\dfrac{投资收益}{投资额}\times 100\%$

(3) 国有资产保值增值率 $=\dfrac{离任时国家所有者权益}{任职初始时国家所有者权益}\times 100\%$

(4) 一般职工收入增长率 $=\dfrac{离任时一般职工平均收入额}{任职初始时一般职工平均收入额}\times 100\%$

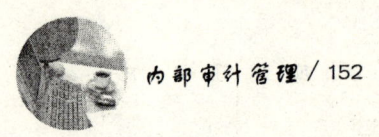

(5) 违纪违规金额比率 = $\dfrac{违纪违规金额}{审计资金总额} \times 100\%$

(6) 财产损失比率 = $\dfrac{任期内财产损失总额}{任期内年均资产总额} \times 100\%$

2. 各级政府组织评价特色指标

(1) 国内生产总值增长率 = $\dfrac{离任时年度国内生产总值 - 任职初始时年度国内生产总值}{任职初始时年度国内生产总值} \times 100\%$

(2) 国内生产总值税收率 = $\dfrac{离任时年度税收总额}{离任时年度国内生产总值} \times 100\%$

(3) 财政收入增长率 = $\dfrac{离任时年度财政收入 - 任职初始时年度财政收入}{任职初始时年度财政收入} \times 100\%$

此外，乡镇党政领导干部评价指标还要考虑农民人均收入、农民负担增减率、粮食总产量增长率等。

3. 各行政机关部门评价特色指标

(1) 人均经费开支比率 = $\dfrac{任期内年均人员经费支出额}{任期内年均人数} \times 100\%$

(2) 招待费用率 = $\dfrac{任期内招待费总额}{任期内经费支出总额} \times 100\%$

4. 各事业单位评价特色指标

(1) 人均经费开支比率 = $\dfrac{任期内年均人员经费支出额}{任期内年均人数} \times 100\%$

(2) 招待费用率 = $\dfrac{任期内招待费总额}{任期内经费支出总额} \times 100\%$

(3) 经费自给率 = $\dfrac{事业收入 + 经营收入 + 附属单位上缴收入 + 其他收入}{事业支出 + 经营支出} \times 100\%$

(4) 专用基金增长率 = $\dfrac{离任时专用基金余额 - 任职初始时专用基金余额}{任职初始时专用基金余额} \times 100\%$

5. 国有企业评价特色指标

国有企业评价特色指标如表 12-2 所示。

表 12 - 2　国有企业评价特色指标

财务真 实性评价	盈利水 平评价	偿债能 力评价	社会效 益评价	持续发展 能力评价
1. 资产真实率 2. 负债真实率 3. 损益真实率 （以上指标主要 是审定额与账 面额比较）	1. 销售利润率 2. 总资产报酬 　率 3. 国有资本收 　益率	1. 流动比率 2. 速动比率 3. 应收账款 　周转率 4. 存货周转 　率	1. 社会贡献率 2. 社会积累率	1. 新产品开发 　率 2. 固定资产成 　新率 3. 固定资产新 　增率

表 12 - 2 中有关指标说明如下：

$$资产（负债、损益）真实率 = \frac{任期内相关账户审核认定额}{任期内相关账户账面额} \times 100\%$$

（资产真实率大于 100%，可能有收益不入账、账外物资、多转产品成本、转移资金、"小金库"、资产流失、贪污舞弊等；资产真实率小于 100%，可能有虚盈实亏、虚报业绩等。）

$$差错率 = 1 - 真实率$$

$$销售利润率 = \frac{任期内利润总额}{任期内产品销售净额} \times 100\%$$

$$总资产报酬率 = \frac{任期内利润总额 + 利息支出}{任期内平均资产总额} \times 100\%$$

$$国有资本收益率 = \frac{任期内净利润}{任期内国有资本} \times 100\%$$

$$流动比率 = \frac{流动资产}{流动负债}$$

$$速动比率 = \frac{流动资产 - 存货}{流动负债}$$

$$应收账款周转率 = \frac{赊销净额}{平均应收账款余额}$$

$$存货周转率 = \frac{销售成本}{存货平均成本}$$

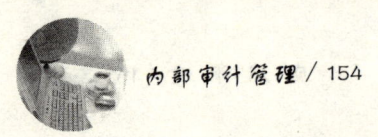

$$社会贡献率 = \frac{任期内企业社会贡献总额(含工资、奖金、税金、净利润等)}{任期内平均资产总额} \times 100\%$$

$$社会积累率 = \frac{上交国家各种财税总额}{社会贡献总额} \times 100\%$$

$$新产品开发率 = \frac{任期内新产品开发种类数}{任期内企业全部产品种类数} \times 100\%$$

$$固定资产成新率 = \frac{任期内固定资产净值}{任期内固定资产原值} \times 100\%$$

$$固定资产新增率 = \frac{任期内新增固定资产原值}{任期内原有固定资产原值} \times 100\%$$

（三）评价基本结论

评价基本结论如表 12 - 3 所示。

表 12 - 3　评价基本结论

真实性 （用差错率 E 衡量）	合法性 （用违纪违规 金额比率 V 衡量）	效益性 （效益实绩与 当年预算、计划、 任期目标比较）	内部控制 （是否设置内 部控制程序）	廉洁自律 （领导干部个 人情况评价）
1. 真实 （$E \leqslant 2\%$） 2. 基本真实 （$2\% < E < 5\%$） 3. 未能真实 （$5\% < E < 20\%$） 4. 不真实 （$E \geqslant 20\%$）	1. 合法 （$V = 0$） 2. 基本合法 （$V \leqslant 2\%$） 2. 违法 （$2\% < V < 10\%$） 4. 严重违法 （$V \geqslant 10\%$）	1. 效益好 2. 效益一般 3. 效益差 （相关指标见前）	1. 健全有效 （每一个环节均设 控制程序） 2. 部分健全有效 （主要环节设置控 制程序） 3. 不健全有效 （主要环节未设置 控制程序、且无替 代程序）	1. 没有发现违犯 廉政规定情况 2. 发现违规事 实、性质、金额

注：划分等级和比率数据仅供参考。

五、经济责任审计基本程序

（一）审计项目的选择与确立

审计机关根据党委、政府经济责任审计领导机构和组织、人事、纪检、监察部门委托,确立审计项目和审计工作计划。

（二）主要审计环节

（1）组织审计力量形成审计小组。

（2）审前调查。审前调查的主要内容有：① 被审单位基本情况,如机构设置、隶属关系、规模特点等；② 领导干部职责分工情况；③ 财务收支基本情况和内部控制设置、运行情况；④ 领导干部任职期间发布的财经工作规范文件；⑤ 被审计单位相关年度审计档案,了解存在问题及改正情况。

（3）制定审计方案。审计方案包括以下内容：审计依据,审计目标,被审计单位基本情况,审计范围、内容、重点、方式、步骤、工作时间、人员分工,重要性确定与风险评估,其他内容。

（4）下达审计通知书与审计承诺书（即双向承诺）。要求被审计单位和被审计领导干部提供相关资料。

（5）召开进点会与张贴审计告示。

（6）接受被审计单位和被审计人提供资料,调查取证、审核资料,形成工作底稿、重大问题请示报告。

（7）审计终结（复核审计工作底稿、拟定审计报告初稿、交换审计意见、审定审计报告并提交、处理、处罚、建议、移交、申请复议、联席会议与信息反馈）。

（三）审计报告基本内容

（1）标题。

（2）导言（立项依据、审计时间、范围、内容、方式等）。

（3）单位基本情况与总体评价。

（4）个人经济责任评价。

（5）主要问题和相关责任。

（6）审计建议。

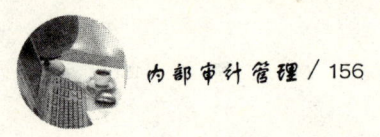

（7）其他说明事项（未能查明问题、严重违纪处置情况等）。

六、经济责任审计与问责若干思考

（一）"三套马车"用审计

组织部门、纪检部门、审计部门都在运用经济责任审计，但是各自侧重点不同。组织部门从如何加强干部监督与管理角度使用经济责任审计；纪检部门从反腐倡廉角度使用经济责任审计；审计部门重点考虑审计风险，考虑如何在职权范围内客观准确地评价领导干部的经济责任。三部门如何实现无缝隙衔接并最大限度发挥审计作用，需要进一步探讨。

（二）"四面楚歌"话审计

不同部门对审计的需求也不尽相同，各个部门都从自身利益出发体现出对待审计的不同态度和声音。

1. 使用审计报告的领导要求

（1）审计就是要查问题，把大大小小的问题都查出来，就像体检一样揭露问题。

（2）审计要说实话、报实际情况。查找问题、揭露问题、上报问题，要让领导掌握真实情况。

（3）审计不能把发现的问题推给领导，要提出相关建议，研究如何解决问题，杜绝类似问题再次发生。

（4）审计要重点抓整改，查问题不是根本目的，促进整改才是最终目的。

2. 被审领导干部的冤屈

（1）要求审计报告把问题少写一些，或者轻描淡写，认为内部问题可以内部处理。

（2）审计报告不能只说问题，不反映成绩。审计报告如果只谈问题，上级领导看了报告，会认为相关部门没有功劳，全在犯错误。

（3）审计评价中的有些标准不清楚，如公务招待费等，致使审计结论没有说服力。

（4）对于历史遗留问题应按任期区分不同人员责任。

（5）讲问题要实事求是，要具体问题具体分析，考虑政策变化。有些事情之前政策是允许的，上级是鼓励的，现在情况变化了，不能把问题的责任算在领导头上。

3. 审计干部的苦衷

（1）经济责任概念的内涵和外延不清楚，具体内容与评价标准在实践中难以把握。

（2）审计报告写实模式千篇一律，毫无生气，缺少审计分析，透过现象无法说明本质，束缚了审计干部的积极性与创造性。

（3）审计难，整改更难，难于上青天。

（4）审计成果的运用，没有在干部管理与使用、促进依法行政方面发挥作用。

4. 社会舆论指责

（1）审计结果为什么不公开？

（2）问题的揭露为什么不指名道姓？

（3）审计结果为什么不能查处？

（4）为什么屡查屡犯？

（三）如何问责

经济责任审计关键在于问责，问责不仅仅是追究责任，问责更是对责任履行过程的"问"，对责任履行情况的监督和对不履行或不恰当履行责任的行为进行责任追究。为此，我们需要探讨以下问题。

1. 为什么问，即问责的动因

基于权力与责任对等的基本要求，审计必须问责。在民主管理中公众有知情权、参与权、监督权，审计也必须问责。如果领导干部有权力无责任，则导致审计评价缺位；如果领导干部有责任无权力，则导致

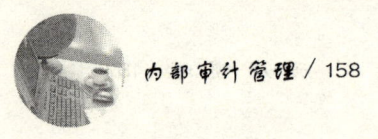

审计评价越位。

2. 谁来问,即问责主体

我国目前启动的问责是行政系统或执政党系统内部开展的同体问责,审计独立性难以保证。积极开展外部问责,在政府行政单位开展由人大、政协、媒体、公众为主导的异体问责,在企业开展由所有者、监督者为主导的异体问责。

3. 问什么,即问责的客体与对象

在审计问责中,是问谁的责任? 是执政党、政府还各级公职人员? 是问一个集体的决策层或执行层,还是问责个人? 问责的内容是政治责任、行政责任、法律责任还是道义责任?

4. 如何问,即问责的方法与程序

这一问题涉及以下五个方面:一是界定责任,二是设定评价标准,三是制定责任追究办法,四是设定问责启动程序,五是完善与问责相关的制度和办法。

（四）审计结果有效运用

经济责任审计的结果一定要有效利用才能发挥作用,否则审计报告就是一纸空文。审计结果要有序进入干部管理任用程序,强化预防功能;审计结果要有序进入党纪国法惩处程序,强化警示功能;审计结果要有序进入党委政府宏观决策程序,强化免疫功能。

（五）审计风险与质量控制

1. 经济责任审计风险来源分析

（1）以党代政,党政不分,责任划分模糊。

（2）经济责任审计项目往往时间紧迫,时间难以保证,存在一定审计风险。

（3）国家法律与地方法规相矛盾相冲突。

（4）个人廉洁自律取证难,容易越位。

（5）财务收支评价的偏差（收入多不一定就好，支出大不一定就不好）。

2. 质量控制措施

经济责任审计质量保证，需要实施公开制度、告知承诺制度和联席会议制度，并把这些制度真正落到实处。

（1）公开制度。审计前要积极开展征询工作，审计前的公告要明确公告时限、公告内容、公告方式等，组织好进点会议的召开，审计结果要及时通报等。

（2）告知承诺制度。告知承诺制度是要明确告知对象与告知内容，并要求相关人员认真完成承诺书，使相关人员真正明确自己应履行的责任。

（3）联席会议制度。健全联席会议制度，以组织部为召集人，以审计部为协调人，使纪委、监察、组织、审计、职能等部门有机结合，实现经济责任审计的无缝对接运作。

（六）"责任"内涵之解析

1. 理论分析

《现代汉语词典》对责任的解释：责任是分内应做的事。没有做好分内应做的事，因而应当承担的过失。审计因受托责任的发生而发生，因受托责任的发展而发展。受托责任最初表现为一种道德责任，是原始社会政治、经济、文化的集中表现；在奴隶社会和封建社会，受托责任主要表现为一种经管责任；在现代，受托责任主要表现为政治责任。取之于各种委托人的资金、资源，必须经济有效地使用，使用而不经济、使用而没有达到委托人预期效果，受托人仍要负责任。受托责任意识，实质上是个民主意识。民主是现代审计的实质，审计是现代民主的表象；民主是现代审计的目的，审计是现代民主的手段。政治责任、行政责任、经济责任、社会责任、法律责任等都是受托责任的表现。

2. 实践分析

在实践中，责任因权力而产生，权力包括经济决策权、经营管理权、经济执行权、经济监督权等。因此责任也分为财务管理责任、经济决策责任、法纪责任和社会责任。具体责任项目可以细化为财政财务收支、资产负债项目、财产物资、内部控制制度、主要经济指标、方针政策贯彻落实、重大决策、廉洁自律等。科学发展观告诉我们,资源有效利用、环境保护、节能降耗、政府负债等方面也是责任的具体体现。从实践领域来看,经济责任审计分政府的经济责任审计和内部的经济责任审计。政府的经济责任审计是指中央、地方、机关、乡镇、事业等政府机关,侧重法律遵守与政策贯彻;内部的经济责任审计则涵盖了一切单位,侧重效益提高与目标实现。当然,资产安全与财务收支真实是两者最基本的责任体现。

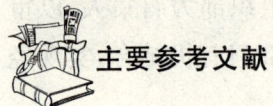 **主要参考文献**

[1] 审计署科研所.任期经济责任审计[M].北京:中国时代经济出版社,2002.

[2] 中共中央办公厅、国务院办公厅.党政主要领导干部和国有企业领导人员经济责任审计规定[M].北京:人民出版社,2010.

第十三章　舞弊审计

舞弊有管理层舞弊与员工个人舞弊。本章主要研究舞弊审计的基本知识,分析舞弊产生的原因,舞弊发生的预防,财务收支舞弊审计的基本程序与方法。同时,关注"小金库"舞弊和贿赂舞弊中的内部控制,初步探讨如何发现"小金库"舞弊和贿赂舞弊。

一、关于舞弊的基本认识

大千世界,舞弊现象随处可见,政治舞弊、考试舞弊、比赛舞弊、经营舞弊等。对舞弊的定义,有来自法律上的,也有来自社会公认的。舞弊与抢劫没有什么区别,虽然缺少火爆和血腥,缺少媒体的及时关注,但是舞弊比抢劫造成的损失更大、更深远。对于舞弊的认识,应有以下方面考虑:

第一,舞弊的基本目的是获取一定利益(包括政治利益和经济利益);

第二,舞弊的动机是有意识的;

第三,舞弊的手段是欺骗、信任和计谋;

第四,舞弊给受害者造成损失。

对于一个自主管理的组织而言,舞弊有管理舞弊和雇员舞弊。

雇员舞弊是雇员利用自身职务之便,通过误用、滥用职权,利用组织的资源或资产为自己谋取私利。其特点是:舞弊的目的是直接获取个人利益;违背雇员对组织的受托责任;舞弊的手段是秘密进行的;舞弊的结果导致组织利益发生损失。常见的雇员舞弊形式有虚报费用、回扣、贪污、盗窃、挪用、假公济私、贿赂等。

管理舞弊是组织管理当局,通过发布误导性财务报告来欺骗投资者及债权人,是为了组织利益,损害组织外部利益相关者的行为,通过舞弊以提高组织的财务地位和经营状况,以获得一定的财务利益。一般的手段是:虚增销售收入、利润和资产;提前确认销售收入;少报支出、损失和负债;不记或推迟退货记录;使期末资产价值增高;偷逃国家税收、虚假损失索赔等。

此外,还有组织外部的相关人员和利益相关者损害组织利益,实施舞弊。例如:顾客对组织的虚假支付、骗取商品、少付货款;供应商的短斤缺两、劣质商品、索取高价、收款后不发运商品、虚假发票、贿赂组织雇员、重复收款;竞争者窃取商业机密、贿赂组织雇员;其他利益相关者对组织的舞弊行为。

二、舞弊产生的原因分析

对于舞弊产生的原因,国外有著名的"舞弊三角理论"、"GONE 理论"、"冰山理论"等。归纳起来,舞弊产生的原因主要有以下几个方面。

(一)动机

无论何种舞弊,首先是有一定动机的。舞弊行为动机主要有四种:第一是经济动机,就是为了使自身的经济利益最大化;第二是利己动机,是为了追求个人地位和威信;第三是思想动机,是为了所谓的"报仇",为了使某个人得到"应有的惩罚",为了证明自己"高人一等";第四是精神病动机,为舞弊而舞弊,为盗窃而盗窃,通常会导致"惯性犯罪"。其中,经济动机是主要的,也是最常见的。压力、贪婪、欲望、需要都会导致动机的产生。

（二）压力

1. 员工的压力

（1）经济压力（生活所迫、贷款买房、奢侈生活、高额债务、经济损失）。

（2）工作压力（独裁式管理、过于严格的制度、对工作不满、工作业绩得不到充分承认、工资待遇太低、升职机会少、不友善的工作环境、期望过高的预期、害怕失业）。

（3）恶习（赌博、酗酒、吸毒）。

（4）其他压力和偶发事件。

2. 组织的压力

（1）法律要求。

（2）贷款需要。

（3）发行股票。

（4）避免"戴帽"或退市。

（5）减轻税负。

（三）机会

机会是导致舞弊行为产生的条件，包括内部控制不健全、缺乏惩罚措施等。受到的信任程度越大、地位权力越大，暴露程度越小，产生舞弊的可能性就越大。

1. 员工的机会

员工的机会主要有控制措施的缺乏、无法评价工作质量、缺乏惩罚措施、信息不对称、无能力觉察舞弊行为、无审计轨迹等。

2. 组织的机会

组织的机会主要有法律不健全、公司治理结构不健全、内部人控制、一股独大的国有股权虚置、注册会计师监管的缺失等。

（四）忠诚性的缺失

忠诚性的缺失是指组织内部拥有权利和责任的个人或集体，容易导致舞弊行为的工作态度或道德观念。忠诚性是自始至终都按照最高的道德价值标准来行动的一种能力，是对受托责任尽职尽责的忠诚度。正是由于忠诚性的缺失，动机、压力和机会才导向舞弊。但是人们在舞弊时不会意识到自己忠诚性的缺失，而会寻找许多自我安慰的借口。

三、舞弊的预防

（一）帮助员工减轻压力

实施员工救助计划，首先应建立双向交流机制，管理层与员工之间定期进行双向信息交流，上下沟通思想，管理层对员工要有坦诚的关心，员工之间也相互关心、相互帮助。通过这一平台增加员工对企业的理解和归属感，使员工心情愉快、压力减轻。一个企业要形成良好的内部人际关系并不容易，需要在长期培养的企业文化氛围中慢慢形成。其次应设立组织内部热线电话，让员工在不透露姓名、身份的情况下，放松地倾诉压力，并把自己对管理当局的批评、建议和要求传达给管理当局。也可以由外部第三方管理热线电话，并将热线电话举报与奖励有机结合起来。再次应建立员工救助服务机构，针对员工个人经济困难、婚姻家庭问题、法律纠纷、赌博、酗酒、吸毒等方面开展援助，减轻员工自身的压力。

（二）倡导诚实、正直、公平的组织文化，增强员工的向心力和凝聚力

营造一种公开、诚实、互助的氛围，离不开创造积极向上的工作环境。积极向上的工作环境并不是自动生成的，而是需要培养和创造的，要做好以下几方面：

（1）榜样的力量是无穷的，特别是高层领导的诚实形象对员工至关重要，领导的一言一行对一个组织倡导诚实文化氛围具有导向作用，"上梁不正下梁歪"就是这个道理。

（2）制定合理公平的个人和组织财务分配制度，真正体现按劳取

酬,公平合理的政策对营造诚实企业文化至关重要。公开组织所有相关政策,特别是个人财务分配政策,增强分配的透明度。

(3)雇用正直诚实的员工,并对员工时常进行舞弊教育,警钟长鸣。

(4)宣传组织道德守则和行为守则,要求员工严格遵守。

(5)创造积极向上的工作环境,增强员工的向心力和凝聚力。

(三)加强内部控制,实行阳光操作,减少舞弊机会

内部控制的加强主要体现在授权批准、职责划分和独立稽核等方面。授权是保证交易在管理人员授权范围内进行。有授权处理一般性交易的一般授权,也有授权处理非常规交易事件的特殊授权。具体操作时,授权有投资授权、筹资授权、采购授权、赊销授权、经营授权、信用授权、费用限额授权等。如果进行各项活动都得到授权批准,则实施舞弊的机会将大大减少。职责划分是对某项交易涉及的各项职责进行合理划分,使每一个人的工作能自动检查另一个或更多人的工作,避免某个员工完全操纵某项工作。独立稽核是由其他人员或机构对执行人工作的验证,如果人们知道其工作或活动受到其他人的监督,则实施并掩盖舞弊的机会将大大减少。强制休假、岗位轮换和监督复核都是独立稽核的有效方式。

(四)发动群众发现舞弊

设立免费举报热线电话,是发现舞弊最常用的群众监督方法。建立良好的举报机制是防范舞弊的有效方法,当雇员知道他们的同事很容易就能匿名举报可疑情况时,他们在实施舞弊时就会有所顾忌。

由于种种原因和顾虑(告密不道德、举报者受到舞弊者钳制、举报没有确凿证据、举报者的下场惨不忍睹等),所以举报者往往犹豫不决。企业组织应该为举报提供一个开放的、方便的、毫无顾虑的环境,为发现舞弊提供良好机制。

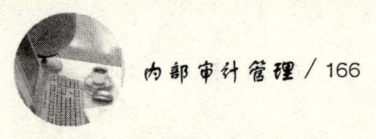

四、舞弊审计

(一) 舞弊审计的固有特点

相对于传统的财务审计,舞弊审计有其固有特点。

1. 思维方法

传统财务审计的思维特点是:根据既定的会计准则和审计准则,抽取样本数据,根据实际情况对照公认准则,得到具体发现,从而得出结论。这是一个从一般到特殊的演绎推理过程。舞弊审计是审计人员通过观察、询问,执行特殊程序和技术收集证据,从一个又一个疑点开始审查,即"跟随谎言去追寻真相",用一个个有力证据说明疑点,最后得出结论,将特定的舞弊行为揭穿,这是一个从特殊到一般的思维过程。

2. 审计切入点

财务审计的切入点是以内部控制为基础,以防范审计风险为目标,关注当期会计数据中的错误是否超过重要性水平。舞弊审计首先考虑的是行为动机、舞弊机会及控制的薄弱环节,关注的是例外事情、古怪事情。这些事情往往由奇怪的人,在奇怪的地点、奇怪的时间、发生奇怪的次数,而奇怪的数字则不问金额大小。正所谓"大错不犯、小错不断",正是舞弊审计要关注的。

3. 审计目的

财务审计的目的通常是在于发现偏离公认会计准则的重大差异事项,以验证财务报表揭示的公允性、合法性、充分性。如果审计人员严格按照审计准则要求进行审计工作,并尽到应有的职业谨慎,却没有发现被审计单位的舞弊行为,审计人员一般不需要承担责任。而舞弊审计的目的在于调查揭露故意歪曲事实与非法占用资产的舞弊行为,确定舞弊损失的金额及问题的影响程度和范围,关注例外事项、不正常事项和潜在发出危险信号的事项,寻找舞弊证据,侦破舞弊案件。

4. 审计程序和方法

财务审计严格按照既定的审计准则,从了解内部控制、符合性测试、实质性测试等环节进行规范审计取证。如果在实施必要审计程序后,仍不能获得所需要的审计证据,审计人员可以发表保留意见或无法表示意见。而舞弊审计最重要的思维方式是站在舞弊者的角度思考问题,寻找内部控制的薄弱环节。舞弊审计更多的是一种直觉判断过程,是一门艺术,而不是一种正式分析方法。舞弊审计必须做到有证据,不能凭推理去设想与舞弊有关的事项,一旦发现舞弊行为的蛛丝马迹,就要一查到底,一般不考虑成本效益原则。

（二）管理层舞弊及审计防范

1. 管理层舞弊主要是出于信贷资金和纳税的需要

企业为获得金融机构的信贷资金或其他供应商的商业信用,在经营业绩欠佳、财务状况恶化时必然会对会计报表进行舞弊粉饰。因为在市场经济中,金融机构出于风险考虑和自我保护的需要,都不愿将资金给亏损企业或缺乏资信企业。企业为取得银行信贷资金,必然采取虚增资产、虚减负债的办法,达到获取银行信任的目的。其主要手段有:① 高估资产;② 捏造收入;③ 少计或不计支出;④ 少提折旧;⑤ 收益性支出列为资本性支出;⑥ 虚拟资产、不良资产长期挂账不予转销;⑦ 负债转到收益或资本;⑧ 隐瞒亏损交易;⑨ 不披露资产抵押情况;⑩ 隐匿负债。总之给外界展示的形象是"我很有钱、很有实力"。为了公司上市、分红或特定政治目的进行的舞弊,也属于这一类型。

企业所得税是在会计利润的基础上,通过纳税调整,将会计利润调整为应纳税所得额,再乘以适用的企业所得税税率而得出的。企业基于偷税、漏税或推迟纳税等目的,往往也会舞弊粉饰会计报表。其手段主要有:① 低估资产;② 捏造支出;③ 少计、不计或推迟计列各种收入;④ 多提折旧;⑤ 资本性支出故意列为收益性支出;⑥ 虚拟资产、不

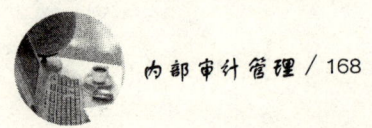

良资产提前转销或多转销;⑦ 收益转为负债;⑧ 采用各种形式隐瞒交易利润;⑨ 虚增销货成本;⑩ 加大负债。总之给外界展示的形象是"我很穷、我很可怜"。

2. 管理层舞弊的现实需要分析

管理层的现实需要可以归纳为以下几个方面:① 业绩考核;② 信贷资金;③ 发行股票;④ 政绩。

纳税方面,对下列公司应保持警惕:① 高速增长公司;② 生命线上挣扎的公司;③ 新上市公司;④ 股权集中公司;⑤ 内部监控薄弱公司(独立董事与内部审计缺失等)。

3. 管理层舞弊行动三部曲(见图 13-1)

对于管理层舞弊行为,可以通过传统的内部控制测试、计算、检查、观察、询问、比较、比率分析等方法进行追踪,一般是可以揭露出来的,只要审计人员敏感抓住各种舞弊特征,紧跟线索不断追查下去,必将舞弊昭然于天下。

除此之外,舞弊审计还有自己特有的审计方法——延伸性审计程序,即追踪舞弊的审计程序。延伸性审计程序并没有一个范围限制,它取决于审计人员的思维、想

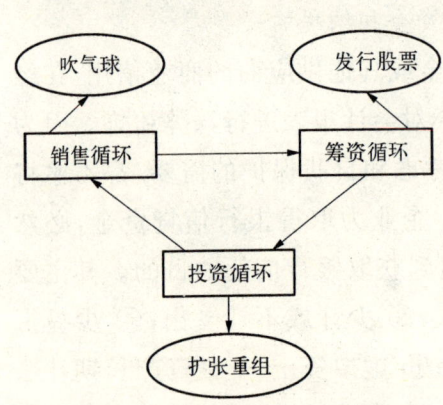

图 13-1 管理层舞弊行动三部曲

象力和组织管理当局的合作程度,只要审计人员认为必要,任何合法程序都可以成为延伸性审计程序:

(1) 评价重大的非经常性交易的合理性。

(2) 复核各种会计估计政策及运用情况。

(3) 检查各种会计调整分录。

(4) 检查各种大额往来账户的真实性和合法性。

(5) 突击检查盘点实物资产以发现虚增虚减情况。

(三) 雇员舞弊及审计防范

1. 雇员舞弊的表现形式

(1) 费用报销舞弊(个人消费公款报销)。

(2) 工资薪金舞弊。

(3) 挪用公司资产。

(4) 出租出借账号。

(5) 侵吞公司资产(截留、私分、盗窃)。

(6) 私设"小金库"。

(7) 商业贿赂或回扣。

2. 雇员舞弊的延伸性审计程序

(1) 期内突击盘点两次现金,第一次盘点时舞弊者准备充分不容易发现,在出其不意的第二次盘点中,很容易发现现金的贪污盗窃行为。

(2) 突击检查实物,发现短缺资产。

(3) 检查大额货币资金来龙去脉的真实合法性,以发现截留、转移等现象。

(4) 对客户及供应商进行调查访问,可以发现采购人员、销售人员的舞弊行为。

(5) 进行一般性调查了解,询问相关人员,以发现舞弊线索。

五、财务收支舞弊审计

(一) 虚构收入舞弊审计

1. 常见舞弊手段

(1) 虚假销售(无中生有)。

(2) 高估销售收入(虚增金额)。

(3) 提前确认收入(截止错误)。

(4) 低估坏账准备,从而高估应收账款。

(5) 拖延坏账注销时间。

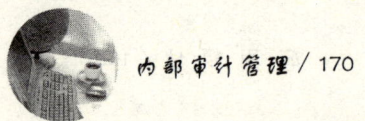

（6）客户退回商品，在会计期末之后记录。

（7）在折扣期限内收款，未记录给客户的折扣。

2．舞弊发现

（1）收入金额绝对值比较（以三年为限）。

（2）毛利率＝（销售净额－销售成本）÷销售净额。

毛利率上升（高估收入、低估销售折扣退回；高估存货、低估购货、低估销售成本）可能发生舞弊。

（3）应收账款周转率＝销售净额÷应收账款。

（4）应收账款周转期＝365÷应收账款周转率，由于虚构的应收账款无法收回，所以延长了收账期。

（5）净利率＝净利润÷销售净额，当发生收入舞弊时，公司在虚增收入时未能增加相应费用，从而使该指标上升。

（二）存货/销售成本的舞弊审计

1．基本原理分析

（1）期初存货＋本期购货－期末存货＝销货成本。

（2）高估期末存货是实施舞弊又一好的选择，因为这样一来，不仅增加了净利润，而且也增加了资产，从而达到粉饰资产负债表的目的。

（3）收入舞弊是高估利润表上的收入与资产负债表上的应收账款，不会对下一会计期间产生影响。

（4）存货舞弊在高估了某一会计期间"期末存货"的同时，也高估了下一会计期间的"期初存货"，使得下一会计期间的净利润可能被低估。如果管理当局想在以后的会计期间继续高估净利润，就需要继续高估期末存货，而且高估的金额必须能够抵消由于上期期末存货被高估而引起的本期净利润的减少。这样一来，势必会导致存货更大金额的错报，从而使舞弊更容易被发现。

2．常见舞弊手段

（1）不记、少记购货。

（2）推迟购货记录（截止错误）。

（3）高估购货退回。

（4）提前记录购货退回（截止错误）。

（5）未将折扣从存货成本中扣除（在折扣期限内）。

（6）低估单位销货成本。

（7）未结转销货成本。

（8）陈旧存货未注销。

（9）未计提存货跌价准备。

（10）高估存货价值、高估存货数量。

（11）记录虚购存货、存货数量与单价乘积计算错误。

3. 舞弊发现

（1）关注会计报表金额本身的变动情况。

（2）比较同行的会计报表数字。

（3）比较会计报表数字与实物资产数字。

（4）毛利率分析：当高估存货余额时，销货成本通常被低估，毛利率就会增加，表明可能发生收入舞弊或存货舞弊。

（5）存货周转率＝销货成本÷平均存货，高估存货、低估销货成本，使该比率下降。

（6）存货周转期＝365÷存货周转率，高估存货时，存货周转率下降，存货周转期延长。

（7）存货舞弊会使存货账户余额不断增加，使毛利率上升、存货周转率下降、存货周转期延长。

（8）财务指标的大小并不重要，真正应关注的是各个会计期间财务指标的变动。

（三）低估负债舞弊审计

1. 常见舞弊手段

（1）漏记、少记、推迟应付账款、各种借款和应付工资等负债。

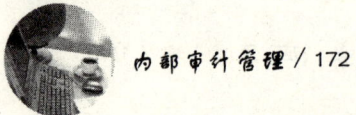

（2）将预收款、定金确认为营业收入。

（3）未记录各种预提费用。

（4）未经授权，以公司资产抵押借款。

（5）未记录可能发生的或有负债。

2. 舞弊发现

（1）相关负债账户余额过小。

（2）与同行业进行比较分析。

（3）连续几个年度的账户余额比较，特别关注：已注销的负债、负债减记额的重大变动、本期确认的金额远远小于前期。

（4）流动比率和速动比率上升，有可能发生了舞弊。

（5）财务费用分析：财务费用＝借款平均余额×平均借款率＋应付票据平均余额×平均利息率－应收票据平均余额×平均利息率－银行存款平均余额×平均存款利率。

（四）会计报表披露舞弊发现

（1）流动与长期项目的分类不正确，特别是流动负债与长期负债的分类。

（2）带有误导性的报表附注，如未披露重大事项、抵押、贴现或有事项等。

（3）一块试金石：（净利润－经营活动现金流量）÷资产总额。该比率应当在零附近上下波动，如果该指标表现为正数且不断增大，要么公司存在财务问题，要么发生了会计报表舞弊。

六、"小金库"的形式与发现

（一）什么是"小金库"

一般认为，凡是违反法律法规及其他有关规定，应列入而未列入符合规定的单位账簿的各项资金（含有价证券）及其形成的资产，均属于"小金库"。"小金库"的存在，不仅导致会计信息失真，扰乱市场经济秩序,造成国家财政收入和国有资产的流失,而且违背了科学发展观的要求,扭曲了市场对资源的合理配置,削弱了政府宏观调控能力,影响了经济平稳较快发展,甚至诱发和滋生腐败现象,严重败坏党风政风和社会风气。具体来讲有:违规收费、罚款及摊派设立"小金库";用资产处置、出租收入设立"小金库";以会议费、劳务费、培训费和咨询费等名义套取资金设立"小金库";经营收入未纳入规定账户核算设立"小金库";虚列支出转出资金设立"小金库";以假发票等非法票据骗取资金设立"小金库";上下级单位之间相互转移资金设立"小金库"等。

(二)"小金库"的表现形式

(1)在收入方面有:截留收入转移账外、违规收入、超标准收费不入账、出租资产收入不入账、变卖资产收入不入账、下属单位上交管理费不入账、交款收入不开发票、返还收入、手续费不入账等。

(2)在支出方面有:虚报冒领(假出差、假工资、无中生有),重复报销,大头小尾票据,假发票、假业务,真发票、假业务,假发票、真业务等。

(3)已脱钩的经济实体代行行政职能,采取"一条龙"服务,"搭车"收取代办费、咨询费等。

(4)以履行部门职能为借口,投资兴建新的经济实体,用财政资金运作谋取私利,职能部门与经济实体职责不分,行政性收费与经营性收费的混淆。

(三)"小金库"的发现途径

1. 账外发现

与不同层次人员交谈发现矛盾;从文件资料发现线索(年终总结、会议纪要、目标管理责任书等);从被审计单位的关联单位发现线索。

2. 现金突击盘点

监盘现金时,如果调整后的账面现金余额小于或大于实际库存现金,且存在较大的盘盈或盘亏,均可能是私设"小金库"所为。对于存放

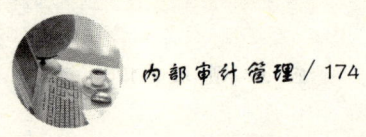

于保险柜的存折、存单,不管是单位户或是个人户,一般都是小金库资金。

3. 银行账户检查

银行对账单中一进一出金额相同的资金,是否进行了相应的账务处理。如果账面未做处理,基本可以认定还有其他银行账户或存在出借银行账户情况;检查银行对账单存款余额与单位存款日记账余额,如果长期不符且数额较大,应查明原因;检查"银行存款"账户摘要栏目,有无概念模糊的内容。

4. 固定资产管理与清查

处置固定资产收入与房屋出租收入,往往形成账外资产。

5. 延伸审计

检查企业组织的下属单位、工会、食堂等单位的资金运动,是否存在上级单位资金的体外循环、逃避检查等。

6. 逻辑性分析

结合被审计单位职能与工作范围、规模,对支出的逻辑性进行有效分析,如学校食堂的超市采购发票、小规模单位的大额发票现象等。

7. 往来款调查分析

债权类会计账户是否存在违反规定出借资金或对外投出资金,跟踪利息收入与投资收益去向;债权类会计账户长期挂账,是否存在资金已收回但未在账面反映,向债务人函证;债务类会计账户,是否存在属于收入性质而长期挂账等现象。

七、贿赂舞弊与审计

(一)行贿受贿面面观

1. 行贿形式

(1)现金贿赂。在商业活动中,行贿方将现金给付交易对方或者权力部门作为贿赂,以谋取商业利益的形式。这种贿赂有时在事前为了拉拢对方或权力部门的关键人物;有时在事中,如在采购业务中,供应商给予采购单位的负责人一定的回扣；有时在事后，即在求人办事之后作为"答谢"。

（2）非现金财产贿赂。这种贿赂目的与前者相同，只是将现金改为实物，这种方式往往更加隐蔽。比如：赠送房产与汽车、古玩与字画、银行卡与超市卡；节假日以看望朋友名义行贿实物；权力机关相关人员发生婚丧嫁娶等红白喜事时投其所好，给其各种实物形式的"好处"等。

（3）入股分红。这种贿赂方式给付的不是现金和财物，而是股份。给对方单位负责人或者其家属一定的股份，让其获得分红或者股票上涨的利得。

（4）其他贿赂。这是指除上述现金贿赂等三种方式以外的各种贿赂。例如，旅游贿赂，娱乐贿赂，打麻将故意"输钱"，为其子女、亲戚、朋友安排工作、帮助出国等。

上述贿赂形式可以用账内资金行贿，也可用账外资金行贿，即从"小金库"开支。

2. 受贿形式

（1）负债挂账，即受贿方收到现金或其他财物时，将其入账，并且作为企业的负债长期挂账。

（2）捐赠收入，受贿方将收到的现金或其他财物作为接受捐赠入账，作为单位的积累。

（3）假借赞助费、促销费、场地费、促销费、宣传费、劳务费等名义，收取对方单位或个人财物的受贿行为。

上述受贿往往是集体性质的受贿，如果是个人受贿，那么受贿资金的去向一般有以下几种：存放在家中，转移给亲戚朋友，送子女出国求学等。

（二）行贿受贿的基本财务处理

1. 行贿方财务处理

现金或其他财物贿赂，一般以"销售费用"或者"管理费用"的名义进行支付、报销。入股分红，以利润分配的方式，将贿赂资金支付给受贿方,通过"利润分配"账户,将资金分离出去。

2. 受贿方财务处理

负债挂账,即将收到的贿赂资金,挂在"其他应付款"、"预收账款"等往来账户。捐赠收入,即在实际收到贿赂时,记入单位的净资产科目,比如事业单位记入"事业基金———一般基金"科目,企业记入"资本公积"科目。赞助费、促销费、场地费,即企业在采购环节、结账环节、店铺租用环节假借促销费、宣传费、劳务费等名义,将受贿资金记入"其他业务收入"科目。

行贿受贿双方账内账外表现形式如图 13-2 所示。

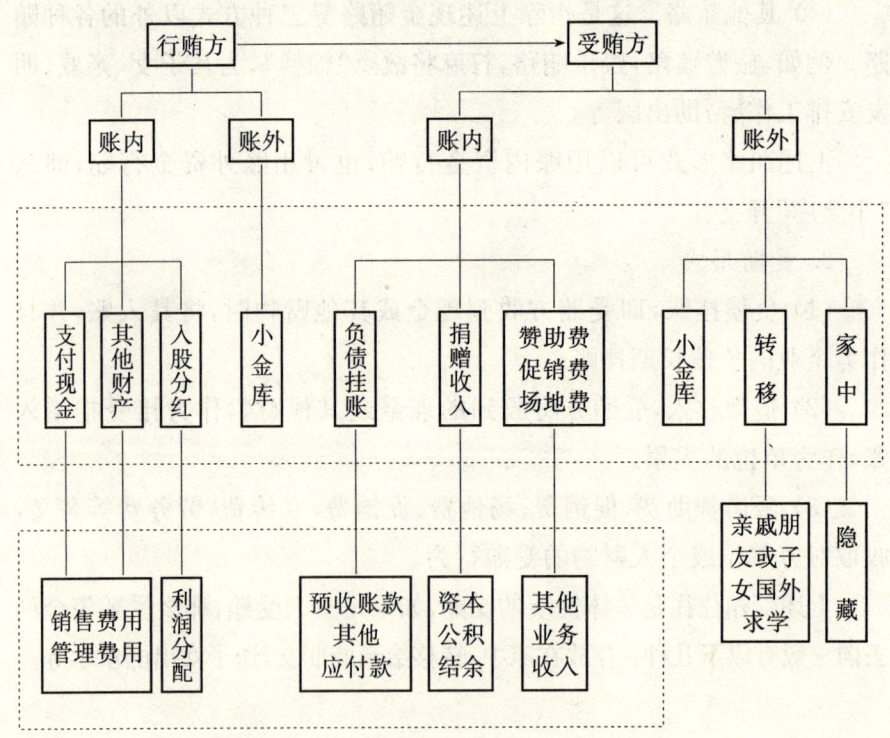

图 13-2　行贿受贿双方账内账外表现形式

（三）行贿受贿自身行为的内部控制分析

在受贿行为中,有主动受贿与被动受贿之分。主动受贿其实就是索贿,自己主动要求受贿而不考虑风险,贪图金钱财物,这种受贿本书不予探讨。被动受贿是自己本意不想受贿,处于环境、人情等原因不得已而受贿,这就有一个内部控制的防范问题。行贿方在行贿时是多方位的,既要行贿高层领导中的正职与副职,也要行贿相关中层干部和具体业务经办人。表现形式如图13-3所示。

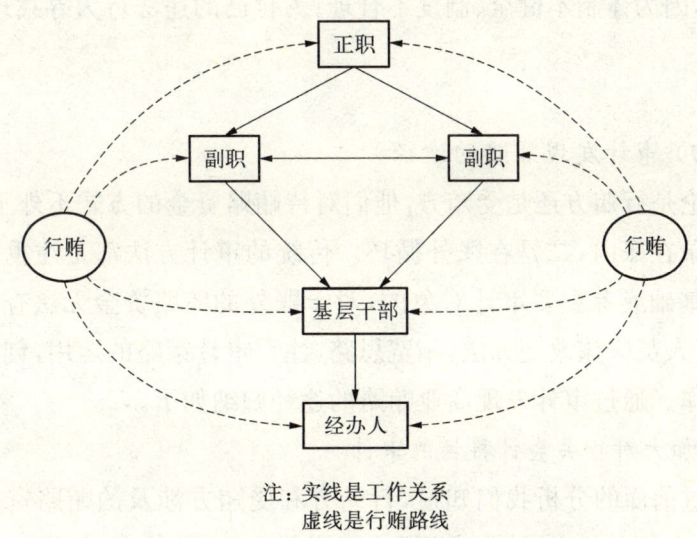

注:实线是工作关系
虚线是行贿路线

图13-3 行贿关系表现形式

被动受贿的相关人员一定要做好相关内控防范措施,以下具体程序可以供参考:第一,严词拒收,按照法律制度办事。这一做法可能给对方的感觉是不留情面,无情无义。第二,收到钱财后及时退回相关人员,说明情况。第三,及时上交相关组织,充分运用反腐败专用账户及时上交,并取得上交的相关凭证,以备规避法律责任。第四,平时做好相关日记账,说明受贿资金的来龙去脉,并且在可能的情况下与相关证明人一起做好平行记账工作,相互之间可以证明。第五,加强思想沟通,注重与行贿人员思想感情交流,申明大义,分析利害,劝退行贿。

行贿人在行贿过程中也有相关的内控防范措施:第一,严密防线,封锁消息,单线联系,只把行贿行为的信息控制在行贿方自己和受贿方,其他人员一般不知晓。第二,反调查措施,行贿受贿一旦被他人发现,就会采取声东击西、制造假象、销毁证据等方法,想方设法阻止调查。第三,变通行贿方式,通过旅游、借钱、打麻将等方式进行行贿活动;通过赝品进行行贿,然后让受贿人到指定地方以真品索回巨额现金,巧妙利用第三方进行行贿等。第四,推卸责任,说明行贿是不得已而为之,因为体制不健全、制度不合理,为自己的违法行为寻找理由、推卸责任。

(四) 审计发现贿赂的途径

不论是行贿方还是受贿方,他们对待贿赂资金的方式不外乎两种:一是记录在账内,二是在账外循环。传统的审计方法都是注重以账表凭证为基础或者主要审计对象的,对于账外的贿赂资金无法查证。因此,审计人员应该改变方法,拓宽思路,注重审计策略的运用,创造性地开展工作。通过审计发现商业贿赂的途径归纳如下。

1. 加大对相关会计科目的审计

通过前面的分析我们知道,行贿方和受贿方涉及的贿赂资金如果在账内,一般会记入"销售费用"、"管理费用"、"其他应付款"、"预收账款"、"事业基金——一般基金"、"资本公积"、"其他业务收入"等科目。因此,审计人员应该着重检查上述相关账户,通过传统的检查、观察、分析性复核、询问、账证核对、账实核对等方法来发现是否存在商业贿赂。其中分析性复核尤其重要,可以采用比例分析法、趋势分析法分析数据是否有异常。

2. 加强对账外账、"小金库"的审计

对于很多涉及贿赂的企业来说,无论是行贿还是受贿,多数不会体现在账上,总是要想方设法设置账外账或者"小金库"来解决资金的来源或者出处问题。所以审计人员必须通过加强对账外账、"小金库"的审计。而账外账、"小金库"的审计历来都是审计的重点与难点,这就要求审计人员摆脱传统审计查账的思维定势,深入了解企业的市场环境、经营环境及经营特点，以敏锐的目光、变幻的视角来观察问题、分析问题，从各种联系中寻找蛛丝马迹。

3. 注重对交易双方业务的内部控制制度的审计

如果受贿方是个人，那么收取的资金就无所谓账内账外了，要想利用前两种方法开展审计工作就会显得力不从心。然而，凡是涉及了贿赂的交易肯定不会严格按照正常的程序办事，也就是行贿受贿方相关业务的内部控制制度没有执行到位，或者没有设计到位。审计人员在审计过程中，首先应结合被审计单位所处的行业和经营特点了解被审计单位的内控制度，检查其设计和执行情况。凡是设计不到位或者执行不到位的环节都很可能是商业贿赂的高发地点，应该作为审计重点。

4. 强调内查外调，拓宽审计思路

商业贿赂由于其"账外暗中"、"一对一"等特点，往往只有将账内检查与外围查证、账面检查与逻辑分析相结合，才能寻找到蛛丝马迹，从而找到突破口。审计过程中，要注重跳出账内信息，注重外围调查，充分发动群众，从被审计单位相关的往来单位发现疑点，寻找突破口。

 **主要参考文献**

[1] 陈汉文.审计学[M].辽宁：辽宁人民出版社，2003.

[2] AIBRECHT W S. 舞弊检查[M]. 李爽，吴溪，等，译. 北京：中国财政经济出版社，2005.

[3] 王宝庆，王凌燕.反商业贿赂审计策略研究[J].审计与经济研究，2007,115(3).

第十四章　审计调查

毛泽东同志在《反对本本主义》一文中明确提出："没有调查，没有发言权。""调查就像'十月怀胎'，解决问题就像'一朝分娩'。调查就是解决问题"。在谈到调查的内容、方法与目的时，他说："'我们不仅要调查各业的情况，尤其要调查各业内部的阶级情况。我们不仅要调查各业之间的相互关系，尤其要调查各阶级之间的相互关系。我们调查工作的主要方法是解剖各种社会阶级，我们的终极目标是要明了各种阶级的相互关系，得到正确的阶级估量，然后定出我们正确的斗争策略。"在谈到调查技术时，他认为有七个方面：要开调查会做讨论式的调查，调查会到些什么人，开调查会人多好还是人少好，要定调查提纲，要亲自出马，要深入，要自己做记录。真可谓一语道破天机，审计调查亦是如此。

一、关于审计调查的性质

对于审计调查的理解，有必要重新认识审计的功能。审计究竟是什么？其原本的功能是什么？是不是所有的政策、经营、管理、制度等内容都可以纳入审计监督与调查的范围？无论是从审计历史的实践考察，还是从历代专家的研究探索，审计的功能基本可以归纳为三个方面：一是检查揭示被审计对象会计账目的错误与舞弊，督促其遵守法律法规；二是证明被审计对象财政财务状况及经营业绩的真实正确，从而取信于社会,解脱受托人的受托责任;三是积极开展经济评价,紧紧围绕财政财务收支(过去的、现在的、未来的)这个主线,为被审计对象在政策、计划、制度、经营等方面提供建议,促进其目标的实现。

本章研究的审计调查,不是一般审计项目的调查,而是围绕一个专题开展的为管理提供良好建议的专项审计调查,审计调查的出发点和着眼点,不在于查处个别人员、个别单位一般的违法违规问题,而是要在全面揭露这些问题和后果的基础上,从政策、制度和管理等多方面,重点分析产生问题的深层次原因,向单位组织及有关部门提出完善宏观政策、健全法规制度、加强综合管理的对策建议,从宏观上解决经济管理中存在的共性、普遍性和倾向性问题,在宏观经济管理的高层次上发挥建设性作用。审计调查重在分析过去、吸取教训;研究现状、揭示问题;预测未来、把握方向。审计调查具有对象的广泛性、调查内容的相对集中性、证据的多样性、取证方法的灵活性等特点。审计调查的分类,可以是财务收支调查、专项资金调查、特定问题调查、内部控制调查、特定部门调查,也可以是"实体"型调查、"项目"型调查、"资金"型调查、"政策"型调查。审计调查可以是单独进行的调查,也可以是与项目审计相结合的调查。

二、审计调查的选题

审计调查的选题应经科学论证,一般应准确选择领导关心、群众关注的热点难点问题,最大限度发挥审计的建设性和防护性作用。审计调查的重点选择范围可以是:单位组织年度内经济工作的中心问题;单位组织重大政策措施落实情况及存在的问题;经营管理中存在的突出问题和难点问题;群众普遍关注或反映强烈的热点问题;以往审计发现的比较突出、影响较大的问题。

审计调查的具体内容可以是经营管理的各个环节,包括人力资源、物资采购、生产加工、商品销售、投资项目、工程项目、货币资金等;也可以是各种宏观政策、各项内部控制制度、各种经营管理风险、各个项目的经济效益、各个部门的受托责任、各管理层舞弊行为及个人舞弊行为、各类经济合同等。具体如表14-1所示。

表14-1 审计调查的具体内容

项　　目	政策	制度	舞弊	风险	效益	责任	合同
人力资源	☆	☆	☆	☆	☆	☆	☆
物资采购	☆	☆	☆	☆	☆	☆	☆
生产加工	☆	☆	☆	☆	☆	☆	☆
商品销售	☆	☆	☆	☆	☆	☆	☆
投资项目	☆	☆	☆	☆	☆	☆	☆
工程项目	☆	☆	☆	☆	☆	☆	☆
货币资金	☆	☆	☆	☆	☆	☆	☆

三、调查方案的制定

调查方案是调查工作的行动指南,科学设计的审计调查方案,必须明确调查的内容和设计调查方案的基本原则。调查内容包括了调查目标、调查手段与方法、调查对象、调查时间、调查人员与工作安排等。调查原则要坚持审计调查的相关性与时效性。相关性是审计调查的内容与单位组织的总目标高度相关,具有风险预防的提示功能,有利于组织目标的实现。时效性是审计的结论与建议在特定时期内及时发挥有价值的作用,及时回避风险发生。

(1)明确指导思想和目标,即通过审计调查要解决什么问题?解决到什么程度?研究问题的因果关系,提出有价值的政策建议。当然,这一系列问题的背后都要围绕财务收支。财务收支可以是指过去已经形成的,还可以是指现在正在发生的,还可以是指未来即将发生的。调查该收的是否应收尽收,该支的是否正确支出,而且支出是否有效益。

(2)选择调查的合适对象,调查对象可以是个人和部门,也可以是各种现象(如相关费用严重超标、资产频繁遗失、舞弊行为盛行等),还可以是个别的、局部的或全部的。在设计调查方案时,对调查对象及数量的选择,都应该根据调查目的来取舍。

(3)调查内容与工具,设计调查内容的过程就是设计相关指标的过程,诸如合格率、利润率、降低率等。调查工具是指调查指标的物质载体,诸如调查提纲、问卷调查、调查表格(基本情况表格、发现问题表格和综合分析表格)、数据表等。

(4)选择调查时间,即审计调查在什么时间进行,需要多少时间完成。在一般情况下,审计调查的时间选择应该在被调查对象工作空闲之余比较合适。调查的持续时间越短越好,提高效率,注重时效。

(5)调查方式,审计调查方式可以分为直接调查和间接调查。直接调查是指审计人员与被调查者直接接触的调查,如口头询问和实地观察。间接调查是指审计人员通过某种中介向被调查对象间接进行的调查,如电话询问、通信调查、问卷调查、资料查阅等。

(6)调查经费落实、调查队伍建设和被调查对象的培训等工作安排。

四、审计调查方法

1. 文献调查法

文献资料调查就是搜集各种文献资料、摘取有用信息的方法。审计调查的文献包括财务会计资料、国家法律法规、内部控制制度、相关文件、会议记录、信息报道、网络信息等。文献调查具有历史性、间接性、非介入性和无反应性等特征,因此,文献内容缺乏生动性,其内容与实际情况存在一定差异,文献内容永远落后于现实情况,需要实地观察来弥补。

2. 问卷调查法

问卷调查是审计人员运用统一设计的问卷向被调查者了解情况的调查方法,问卷调查是标准化、书面化的间接抽样调查。该调查方法是在充分发动群众的基础上,集中群众的智慧和力量,从各个岗位、各个部门、各个人员自身工作的角度,发现组织单位在经营管理中存在的风险,并且发动群众积极建言献策,提出完善管理的建议和意见,集思广益,群策群力。问卷调查表的设计可以分为"规定动作"和"自选动作","规定动作"是审计部门需要掌握的信息,"自选动作"是调动广大群众的积极性,为审计部门提供有价值的信息和建议。问卷调查中问题的设计至关重要,题目设计要简洁明了,具有针对性、代表性和广泛性;调查对象的选择也非常重要,不仅要具有充分的代表性,还要确定每一个被调查的对象都能认真对待。

3. 个别访问法

个别访问法就是审计人员通过口头交谈的方式直接向被调查对象了解单位组织内部管理基本情况的方法。该方法是面对面的口头直接调查,是互动式的动态调查。访谈要事先确定好访谈提纲(访谈的目的、关键问题、背景信息等),选准访谈对象(高层领导、中层领导、财务主管、会计、出纳、保管员等)。在访谈过程中,首先要做一个忠实的倾听者,要认真、耐心、仔细听对方的倾诉,要恰当运用访谈的技巧与方法,注意提问的方式与语言选择,注重引导和追询,消除对立情绪,建立良好的人际关系,加强人文关怀,注重非语言信息的传递;其次要做好访谈记录;最后要约定适当的再次访问安排等。个别访问法是广泛发现线索的重要方法。

4. 集体访谈法

集体访谈法就是邀请若干被调查对象,通过召开集体座谈会的方式了解单位内部管理的基本情况,了解外围环境与市场对组织内部的影响,同时虚心听取被调查对象的意见和建议,实际上是个别访问调查法的扩展形式。集体访谈要明确会议主题,准备好调查提纲,物色好参会人员及规模,审计人员要做一个谦虚客观的主持人,做好协调沟通工作,做一个耐心的倾听者,驾驭控制好会议场面,并做好会议记录。头脑风暴法是特别适合中国人的会议方法,它必须事先明确开会的游戏规则,鼓励与会者自由发表意见,但是不能重复别人意见,不许反驳别人意见,形成充分、自由、民主的讨论气氛;支持与会者在吸取别人观点的基础上不断修正、补充和完善自己的观点,并给予优先发言的权利;审计人作为会议的主持者,不能发表自己的意见,不表示自己的倾向。头脑风暴法能够鼓励创造性思维,寻求新观点、新途径和新方法,具有极大的推动作用。

5. 实地观察法

实地观察法就是审计人员根据调查目的,运用自己的感觉器官,有计划地对处于自然状态的经营管理活动进行直接感知的方法,可以是实地观察现金、存货等资产的保管情况,也可以是实地观察业务流程的动态情况,还可以是实地观察政策制度的具体执行情况。实地观察具有直观性、生动性和可靠性的特点,但是也具有表面性、微观性和偶然性,同时还不可避免地会出现观察误差和假象,因此需要访谈访问来证实。

五、资料整理与思维加工

资料整理,就是根据调查研究的目的,运用科学方法,对调查所获得的资料进行审核、检验、分类、汇总等加工步骤,使分散的资料系统化、条理化,并以集中、简明、综合的方式反映调查对象总体情况。文字资料的整理一般需要经历审查、分类和汇编程序。数字资料的整理一般需要经历检验、分组、汇总、制作图表等程序。

思维加工是从感性认识上升到理性认识的过程,是透过感性材料揭示问题本质与规律的过程,是对调查事项总体情况的分析,对产生问题的原因开展分析,揭示因政策制度不完善、运行机制不健全、程序不完备、管理不力、人为因素等带来的问题,并对实际工作提出对策性建议。思维加工的方法主要有:比较法与分类法、分析法与综合法,其中分析法又有因果分析法和系统分析法。

比较法是确定认识对象之间相同点和不同点的思维方法,通过比较发现差异。比较有多种方法,可以是横向比较、纵向比较、实际比较

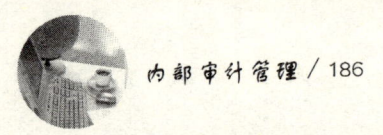

与标准比较等。比较的内容可以是数量、质量、金额等。营业收入、管理费用、资产总额、考核指标等都可以进行比较。分类法是根据认识对象的相同点或异同点将认识对象区分为不同类别的思维方法。例如，所有虚假的经济业务在会计上的反映可以分为"虚假增加"和"虚假减少"；所有虚假经济业务的初始表现可以分为"虚假发票虚假业务"、"虚假发票真实业务"、"真实发票虚假业务"等三种类型。比较是分类的基础，分类是比较的结果，但两者之间可以是互为前提、互为结果的。差异性和共同性是比较法与分类法的共同基础。

分析法是指在思维中把客观事物分解成各个要素、各个部分、各个方面，然后逐个加以考察的思维方法，其思维运动是从整体到部分、从复杂到简单的过程，在分别考察各个部分的基础上，找出构成事物的基础部分或本质方面。综合法是指在思维中把客观事物的各个要素、各个部分、各个方面分别考察后的认识联结起来，然后从整体上加以考察的思维方法，是一个由部分到整体、由简单到复杂的过程。分析与综合相互依赖、相互转化。分析与综合可以是定性与定量的结合，总体把握与典型事例的结合，"点"与"面"的有机结合。

因果分析法是指探求事物或现象之间因果联系的思维方法，其重要特点是原因在前，结果在后。例如，因电费涨价导致的成本上升，因内部控制度不严密导致的"小金库"出现，因授权不当导致的管理混乱，因考核指标过高而导致的虚报现象等。

系统是指由相互联系的要素或部分构成的统一整体。系统具有内在结构、整体功能和外部环境适应性等特点。系统的内在结构是指构成系统诸要素所固有的相对稳定的组织方式或联结方式，结构具有稳定性、有序性、层次性和关联性。系统的整体功能不是各个要素功能的简单总和，而是一种新的功能，突出表现在系统内部的自我协调能力和自我控制能力。一个组织如果有很强的自我协调能力和自我控制能力，真正做到决策科学、管理有效、执行坚决、反馈及时，其整体功能必然大于各个组成部分功能之和。所谓环境是指系统周围各种外部条件的总和,任何系统都处于一定的环境之中,并与之发生一定联系。一个组织系统必须与外部的法律环境、产品市场、行业环境、劳动力市场等相适应,才具有发展的无限活力。系统分析方法,就是根据客观事物所具有的系统特征,从事物的整体出发,着眼于整体与部分、整体与结构及层次、结构与功能、系统与环境等的相互联系和相互作用,求得优化的整体目标的现代科学方法以及政策分析方法。

六、审计调查报告

(一)审计调查报告的类型

审计调查报告是反映调查成果的书面报告,是调查研究成果的集中体现,关系到审计成果质量的高低和发挥作用的大小。调查报告具有针对性和时效性,可以分为描述性调查报告、因果性调查报告和预测性调查报告。描述性调查报告是对组织单位的经营活动、管理控制和具体制度进行描写和叙述,主要回答"是什么"和"怎么样"的问题。因果性调查报告是对存在的现状与问题分析原因,寻求其内在的逻辑关系,回答"为什么"的问题。预测性调查报告是依据现状对未来即将发生的行为、未来环境的变化带来的影响进行推测分析,并提出相关对策建议,回答"怎么办"的问题。

(二)审计调查报告的撰写程序

调查报告一般由四大要素构成:主题、结构、材料和语言。其中,主题是调查报告的"灵魂",结构是调查报告的"骨架",材料是调查报告的"血肉",语言是调查报告的"皮肤"。审计调查报告的撰写程序一般是确定报告主题,拟定写作提纲,精选调查材料,推敲书面语言。

主题是调查报告的"灵魂",是审计人员分析经济现象、揭示事物本质所形成的基本观点,确定报告主题,必须考虑调查研究的目的和调查研究取得的真实材料,努力把两者有机结合起来。调查报告主题要正确反映客观事物的本质规律,由现象到本质,由浅层到深层,对社会实

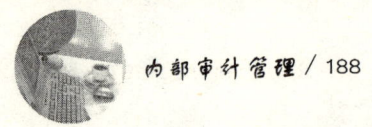

践起指导与促进作用；主题要小而实，不要大而空，主题要突出，不要过于宽泛；材料要充分，观点要成熟，论证要严谨。

结构是调查报告的"骨架"，写作提纲就是结构的具体表现。写作提纲要突出报告的主题，应精选调查材料，阐明审计的基本观点，调查提纲要符合内在的逻辑关系。

材料是调查报告的"血肉"，在确定报告主题、拟定写作提纲后，审计人员要对各种材料进行去伪存真、去粗取精、由表及内、由此及彼的分析、确定与选择。精选的材料可以是综合材料、典型材料、统计材料和对比材料，也可以是文字材料或数字材料。

语言是调查报告的"皮肤"，语言表达的独特风格十分重要，语言表达得好，犹如锦上添花，能打动每一位阅读者。否则，调查报告的内容再好，也可能会功亏一篑。调查报告的表达方式，最好用第三人称，尽量避免审计人员的感情色彩。语言表达要准确，做到陈述事实真实可靠，引用数据准确无误；语言表达要简洁，开门见山，不拐弯抹角；语言表达要朴实，语言通俗易懂，不使用深奥的专业语言和华丽空泛的词语；语言要生动活泼，使阅读者体验快乐阅读、快乐接受。

（三）审计调查报告的基本格式

审计调查报告的基本格式是：标题、导语、主体、结束语、附录。

一个好的标题可以起到"画龙点睛"的作用，审计调查报告往往是直接用调查对象或调查内容作为标题，力求概括、简明、新颖，具有吸引力和感染力，强化新鲜感和责任感。调查报告要力求对称，防止"大头戴小帽子"或"小头戴大帽子"，要做到"合适的帽戴在合适的头上"。必要时可以用双标题，即两个标题。它有两种形式：一是主标题和副标题，例如《以制度规范管理　以管理提高效益——对财务管理制度变革的思考》；另一种是引题和主标题，例如《制度设计与执行中的突出问题——时间管理》。

导语是审计调查报告的开头部分，对于说明调查报告的主旨、激发读者的兴趣具有十分重要的作用。导语的写作形式可以是主旨陈述法、情况交代法和结论前置法。主旨陈述法是先说明审计调查的主要目的和基本内容;情况交代法是先说明调查工作的基本情况,包括调查目的、调查时间、调查地点等;结论前置法则是先简要说明调查的基本结论,开门见山,直奔主题。究竟采用哪种形式,取决于调查的目的和内容,但无论采用何种形式,必须具有强烈的吸引力。

主体是调查报告的主要部分,一般内容有:调查问题的背景和目的,调查对象的情况简介,调查的主要方法和过程,调查获取的资料与数据,研究的方法与结论等。主体部分的写作可以是纵式结构、横式结构、纵横交错式结构。纵式结构就是按照事物发展的历史顺序或逻辑关系来安排;横式结构就是把调查的事实与结论按照性质、类别分成若干部分,并列排放分别叙述;纵横交错式结构就是纵式结构与横式结构相结合的方式,可以是以纵为主、纵中有横,也可以是以横为主、横中有纵。

结束语是调查报告的结尾部分,可以概括全文深化主题,可以是总结经验形成结论,可以是指出存在的问题、提出建设性建议,也可以是说明存在的经营管理风险、引起适当管理层的高度重视。结束语要简明扼要、意尽即止,切勿画蛇添足、引火烧身。

附录是调查报告的附加部分,主要是主体部分没有说明但又必须说清楚的情况和问题,一般包括调查问卷、指标解释、调查数据、统计图表、典型案例等。

七、成果运用

审计调查报告的结论一定要实现领导批阅、相关部门采纳建议,否则审计调查工作前功尽弃,为此,审计部门和人员要采取以下措施。

1. 加强宣传,注重营销

审计调查报告的结论一定要说服领导和相关部门,促使他们采纳审计建议,为此,需要审计人员开展大量的观点营销活动和思想沟通

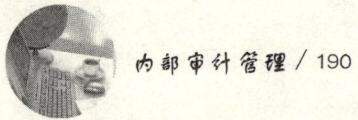

活动。

2. 完善制度,长效管理

对于审计调查发现的问题,不仅要及时制止和整改,还要促使相关部门制定相关制度,完善相关制度,消除屡审屡犯现象的发生,实现长效管理机制。

3. 改革决策机制,促使审计工作进入规范决策程序

实现审计成果运用的最根本措施是,创造审计应用条件,改革决策机制,把审计调查研究成果纳入行政、业务和管理的决策过程;使审计调查的成果运用成为不可或缺的基本程序,从根本上保证审计建议的权威性。

 **主要参考文献**

[1] 毛泽东. 毛泽东选集(第一卷)[M]. 北京:人民出版社,1991.

[2] 董大胜. 审计技术方法[M]. 北京:中国时代经济出版社,2005.

第十五章 农村集体经济审计
（第四审计模式）

农村集体经济审计究竟是属于政府审计还是内部审计？如何开展农村集体经济审计？这些问题，我们的理论确实是一个空白，但实务工作已经迫在眉睫，急需我们作出回答，本章抛砖引玉，作初步研讨。

一、问题提出

党的十六届六中全会提出构建社会主义和谐社会的总体目标，提出以解决人民群众最关心、最直接、最现实的利益问题为重点，着力发展社会事业、促进社会公平正义、建设和谐文化、完善社会管理、增强社会创造活力，走共同富裕道路。我们认为：和谐农村是和谐社会的基础，利益和谐是农村社会和谐的核心和要害。农村利益和谐首先是集体资产安全完整不受任何人的侵害；其次是农村集体经济收入分配公开、公平、公正与合理。

党的十六届五中全会把建设社会主义新农村提到"我国现代化进程中的重大历史任务"的战略高度，其目标概括为 20 个字："生产发展、生活富裕、乡风文明、村容整洁、管理民主"，全面体现了新形势下农村经济、政治、文化和社会发展的要求。信息公开、全员参与、民主决策、程序管理是管理民主的核心内容。

《中华人民共和国宪法》第一百零九条和《中华人民共和国审计法》第二条都明确规定"县级以上地方人民政府设立审计机关"。而作为我国最

基层的地方政权——乡镇人民政府,该不该设立审计机关,在法律上没有明确规定,对于农村集体合作组织如何开展审计工作更没有法律规定。

《中华人民共和国村民委员会组织法》第二十二条规定,村委会实行村务公开制度,并自觉接受村民监督。这是对村民享有监督权最直接的法律依据。但是,村民如何全面有效开展监督,缺乏具体法律依据,需要我们探索研究。

1992年5月11日,农业部常务会议通过的《农村合作经济内部审计暂行规定》,与目前农村改革实际相差甚远,无法开展审计工作。

2004年,中共中央办公厅、国务院办公厅《关于健全和完善村务公开和民主管理制度的意见》(中办发[2004]17号),需要具体的实施操作办法。

基础不牢、地动山摇。中国的农业、农村和农民问题是事关中国大局稳定的重要因素。当今农村经济社会正在发生巨大变化,群众的民主法制意识逐步树立,官本位意识慢慢淡化,用老一套行政手段进行管理的方式已经遭到淘汰。按照现代管理理论,办事就要讲公开、公正、透明,村干部的权力来自农民群众,村级权力应该是透明的,权力运转必须置于群众监督之下。

村民如何全面有效地开展监督,如何通过开展农村的"管理民主"实现农村社会利益的和谐,这是一个全新课题,需要我们探索研究。浙江农村在实践中探索了一条可行之路。我们认为:和谐农村是目标,农民利益和谐是关键,而民主管理是实现利益和谐的基础,审计监督是实现利益和谐的保障。具体如图15-1所示。

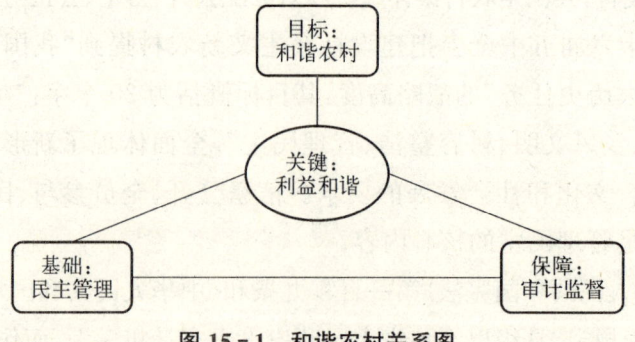

图15-1　和谐农村关系图

二、研究意义

经过对农村的大量调研发现,目前农村集体经济存在以下突出问题:

资金管理存在四个"大":库存现金出现大额白条抵库;大额公款私存,以个人名义开定期存单;大额出借资金,按规定村级资金出借,都必须经村民代表大会通过,但一般不通过就擅自出借;大额资金对外投资,未经村民代表大会通过就擅自对外投资,村民意见很大,但由于原先投资的时候未经过他们的同意,事后知情也不能收回。

违规支出存在四个"超":村干部的工资超额支付,本来各个级别的工资都应该按规定支付,但是出现超范围的、超额度的情况,超范围是指不该享受该种级别的同志享受该级别,超额度是指工资超过该种级别应该享受的数额;通讯费超限额、超规定,即通讯费用没有设定限额,都是按实列支的,同时一般不享受该项级别的同志也享受通讯费报销;工资以外超规定发补贴,村干部以各种名义发放名目繁多的所谓加班补贴;招待费用支出超定额、超限额,开支有增无减。

财务管理存在四个"不":集体资金对外投资后,部分资产收回后账上不反映,有大量账外资产,导致账实不符;对村级企业承包上缴的资金管理不规范,应上缴的收入不上缴,拖欠的数额较大;村干部个人应该自己交纳的养老保险金不自己承担而由集体资金支付;财务监督不力,收入不入账。

农业在我国是安天下、稳民心的基础产业和战略产业。"利益和谐"是农村社会和谐的核心和要害。加强审计监督是保证农村利益和谐的重要措施之一。审计保障了村级集体资产安全,保护了村级干部工作积极性,维护了农村社会稳定大局,减少了群众上访事件,缓和了农村社会矛盾,促进了新农村建设发展。

开展农村经济审计,规范了农村经济行为,促进了农村经济的发展。由于各项农村经济事务都接受审计的监督制约,使农村的各项预

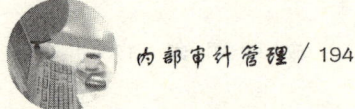

测决策更加科学合理,从根本上消除因决策失误带来的不利影响,有力地促进了农村社会的和谐发展。

开展农村经济审计,密切了农村干部与群众的关系,稳定了农村社会。由于实行农村审计公告制度,村级财务管理情况及时向广大群众通报,真正体现了"给群众一个明白,还干部一个清白",消除了干群之间的抵触情绪,拉近了群众与干部之间的距离,干部和群众齐心协力共谋发展大计,促进了农村社会的稳定发展。

开展农村经济审计,防范腐败行为,促进廉政建设。由于农村经济审计把农村的各项经济活动都置于审计监督之下,增强了党员干部的廉政意识,规范了干部行为,防范了腐败现象,同时也保护了领导干部自身。

三、审计环境构建

(一) 机构设置

和谐的审计环境必须要有相应的机构保障。村党支部、村民委员会和村务监督委员会形成的"三位一体"模式,开创了农村机构的新局面;村务公开监督小组、村民主理财小组、村财务监督小组、村招投标监督小组的设立,奠定了稳固的机构基础。

我们综合浙江省诸暨市山下湖镇、绍兴县夏履镇、德清县新市镇、洛舍镇等农村成立的各种农村村务组织机构设置情况,建立的农村民主管理机构体系,如图 15-2 所示。

在村级组织中,设立村务监督委员会(简称监委会),形成村党支部、村民委员会(简称村委会)、村务监督委员会"三位一体"模式,是当前农村最常见的模式。监委会由村民代表会议表决产生,经村民代表会议授权实施监督,并对村民代表会议负责,任期与村委会同届。监委会和村委会都必须在党组织领导下开展工作,特别是监委会绝对不允许脱离党支部的领导。监委会组成人员的选派必须坚持独立性原则,村两委会班子成员及其直系亲属以及三代以内近亲属不得进入监委

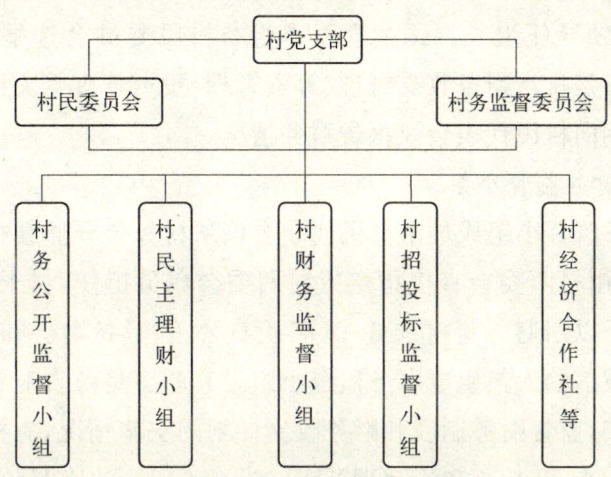

图 15 - 2　村级主要组织机构

会。监委会成员一般由三人组成,要求思想政治素质好,政策法律意识强,公道正派,坚持原则,敢于监督,在群众中有较高威信。

　　监委会的职责是:对执行党的路线、方针、政策和村级各项管理制度执行情况实行监督;定期或不定期向村党支部会议和村民代表会议报告村务监督情况;建议村委会就重大问题召开村民代表会议;列席村务会议;对不按照村务管理制度规定作出的决策提出废止建议;对不称职的村委会成员提出罢免程序;对村事务、财务定期进行年度审核;协助镇党委对村两委会(指村党支部和村委会,下同)成员的年终述职进行考评。

　　1. 村务公开监督小组

　　村务公开监督小组的职责是监督村务公开制度的落实情况,审查村务公开的内容是否全面、真实,公开程序是否规范,公开时间是否及时,并及时向村民代表会议报告监督情况。其成员由村民代表会议选举产生,村干部及其配偶、直系亲属不得担任。村务公开监督小组在村党支部领导下行使职责。

　　2. 村民主理财小组

　　村民主理财小组由村主要领导、村财会人员和社员代表 3～7 人组

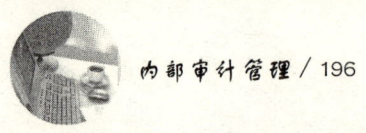

成,村主要领导任组长。民主理财小组与村民委员会选举同步产生。其基本职责是日常财务收支管理、筹资管理、投资管理等方面。民主理财小组定期向村民代表会议报告财务情况。

3. 村财务监督小组

村财务监督小组成员由村民代表会议从村务公开监督小组中推选产生,不得由村两委会直接指定或村两委会成员担任,村干部的配偶、直系亲属予以回避。每村选 3～5 名正直公正,具备财会知识,在村民中有一定威信的人员组成财务监督小组。其职责是负责对村财务公开制度的落实,监督财务制度和财务收支计划的实施情况,有权审查各项财务收支往来,有权否决不合理开支。当事人对否决有异议时,可以提交村民代表会议讨论决定。

4. 村招投标监督小组

村招投标监督小组与村财务监督小组基本类似,但是人员构成不能交叉,要有独立性。监督的对象主要是工程招投标过程的合法性。

(二) 制度建设

健全的制度是开展审计工作的主要依据,公开制度、决策制度、管理制度和监督制度形成一个完善的制度体系。

根据中共中央办公厅、国务院办公厅《关于健全和完善村务公开和民主管理制度的意见》,综合浙江省诸暨市山下湖镇、德清县新市镇和洛舍镇农村的实际情况,拟建立健全的农村村级组织主要制度体系,如图 15-3 所示。

1. 健全村务公开制度,实现农民群众知情权

村务公开是实施民主管理的基础,是实现农民知情权的基础。其中,财务公开是村务公开的重点和核心。所有收支必须逐项逐笔公布明细账目,公开的内容要以各项财产、债权债务、收益分配、专项资金筹集和使用以及村干部的报酬等为重点。要及时把村级较大建设项目的招投标方案、招标过程、招标结果及实施情况向群众公开。

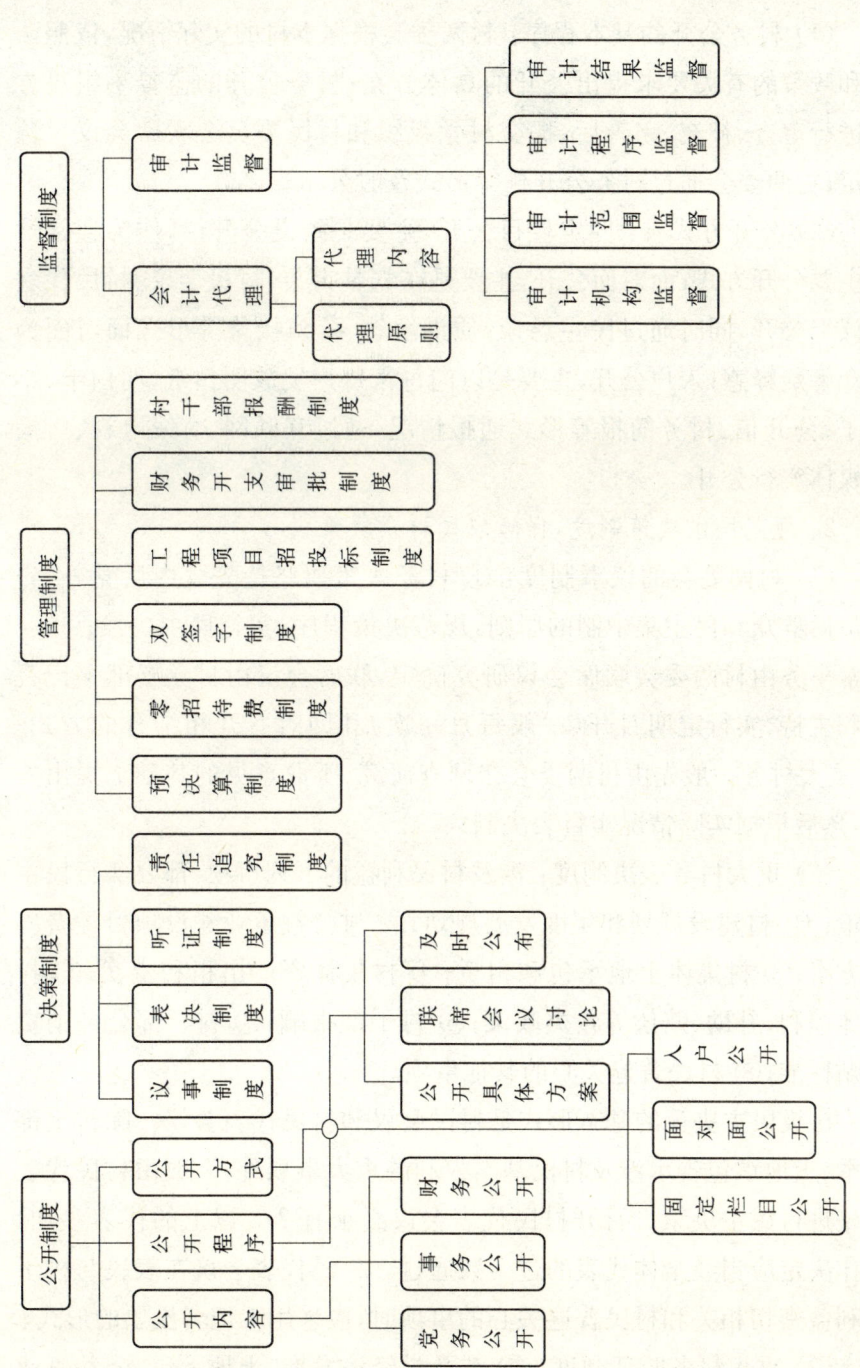

图 15 - 3　村级组织主要制度体系

（1）村务公开的基本程序：村两委会根据本村的实际情况，依照法规和政策的有关要求提出公开的具体方案；村务公开的监督小组对方案进行审查、补充、完善后，提交村党组织和村民委员会联席会议讨论确定；村两委会通过村务公开栏等形式及时公布。

（2）公开方式有：固定栏目公开，主要是指设公开栏，作为经常性的主要公开方式；面对面公开，主要是在党员大会、村民会议、村民代表会议上公开，同时通过民主恳谈、质询解答、信访接待等形式面对面为群众解疑释惑；入户公开，主要是以向每家每户发放明白纸、明白卡、小册子、公开信、村务简报等形式通报情况，通过互联网、有线电视、广播等媒体实行公开。

2. 规范民主决策制度，保障农民群众决策权。

（1）村两委会的议事制度：① 村务决策要坚持先党内后党外、先党员后群众和民主集中制的原则，规范决策程序，实行民主决策；② 村日常事务由村两委会联席会议研究确定，联席会议由村党支部书记召开和主持，实行定期召开（一般每月一次）和即时召开相结合的方式；③ 重大村务一般先由村两委会在调查研究、听取意见的基础上提出方案，然后根据实际情况实行表决制。

（2）重大村务表决制度：涉及村民利益的下列事项，都要实行民主决策：① 村建设规划和年度发展规划；② 村公益事业建设项目经费筹措方案；③ 村集体土地承包和租赁；④ 村集体资产出租和变卖；⑤ 村集体福利、补助、赔偿等各类政策；⑥ 村干部报酬；⑦ 村干部公务消费补贴标准；⑧ 村民普遍关心的其他事项。

村级民主决策的基本形式是村民会议和村民代表会议。除村干部选举、土地承包告示涉及村民基本权利的重大事项外，一般由村民代表会议进行民主决策。召开村民代表会议必须有 2/3 以上的代表参加，所作决定应当经全体代表的过半数通过。村民代表会议在表决与村干部利益密切相关和村民普遍关心的事项时，应采用无记名投票的形式。

（3）重大村务听证制度：① 涉及村经济发展、土地承包、公益事业建设项目及其经费筹集方案、拆迁及补偿方案、征用及其补偿费使用方案等与群众利益密切相关的重大事项,在村民代表会议表决前应召开听证会,广泛听取村民意见;② 听证会的召开时间、地点、议题要提前三天告知村民,一般采用广播通知和在村务公开栏张贴公告的形式;③ 听证会召开前,村两委会对需要提交村民讨论的事项,要认真调查研究,并提出切实可行的方案;④ 年满 18 周岁的村民均可自主参加听证会,并在会上发表与议题有关的意见和建议。

(4) 决策责任追究制度:除发生自然灾害等不可抗拒情况外,村民代表会议(或村民会议)依法形成的决议不得随意更改,确需更改的,应通过村民代表会议(或村民会议)讨论决定。未经村民代表会议(或村民会议)讨论决定,任何组织和个人擅自以集体名义借贷、变更与处置村集体的土地、企业、设备、设施等,均为无效,村民有权拒绝,造成的损失由责任人承担,构成违纪的给予党纪政纪处分,涉嫌犯罪的移交司法机关依法处理。

违规责任追究的重点是村级组织中担任主要职务的干部和分管负责人。因村干部的违规决策、违规管理、违规审批,给村集体和群众造成损失或负面影响的,实行责任追究。

有下列行为之一,应追究村干部责任:违规行为造成村级集体经济损失;违规行为造成村民集体上访和越级上访;在审计中发现有严重违反财经纪律行为;群众反响较大并经过镇政府审查被确认为违规行为等。

3. 完善民主管理制度,保障农民群众参与权

(1) 预算决算制度。年初制订财务年度预算,预算必须坚持统筹兼顾、增收节支、量入为出、留有盈余的原则。

年初制订财务年度预算,由村两委会根据收支实际情况讨论制定,由村经济合作社组织村民代表大会通过;年中定期检查执行情况,听取群众意见,接受群众监督,并根据实际情况作出必要的补充和调整;年终及时搞好财务决算,并向村民公布。财务预算方案报镇农经站备案,并接受检查。

(2) 财务开支审批制度。财务开支事项发生时,经手人必须取得内容完整的合法凭证,注明用途并签字。村的一切开支必须按照规定

审批权限进行审批。对未取得合法凭证的开支和手续不完备的开支，村文书兼出纳有权拒绝付款。以浙江省诸暨市山下湖镇审批权限为例，具体情况如下表 15-1 所示。

表 15-1　财务开支审批权限

限额	500 元(含)以内	500~1 000 元(含)	1 000~10 000 元(含)	10 000 元以上
审批人	合作社社长	先村主任签字审核后社长签字审批	村两委会研究同意；村主任签字审核后社长签字审批	村两委会研究同意；提交村民代表会议批准；村主任签字审核后社长签字审批；并附会议记录备查

（3）"双签字"制度。浙江省德清县新市镇实行"双签字"制度。村级经常性财务开支需由村经济合作社主任和村委会主任两人签字后方可支付，经济合作社主任签意见，村委会主任签证明人。经济合作社主任自己经手开支的凭证则只签证明人，由村委会主任签意见。如村委会主任兼任村经济合作社主任，则由村书记和村委会主任两人签字后方可支付。

（4）村干部报酬制度。浙江省德清县洛舍镇实行村干部的工资报酬与村干部的工作实绩挂钩的制度，对村干部进行全方位的立体考核。村干部的基本工资标准由镇政府具体确定但由村负担，奖励资金由镇政府财政负担；允许发放一定额度的节假日福利和加班加点补贴，但发放标准不得超过年终考核批准的村正职干部报酬总额的 12%；严格控制用公款外出考察学习，原则上每个村干部一届一次，费用控制在每人 2 000 元以内，超支自负，并实行外出报批制度；制定村干部通讯费用发放标准并严格执行，从而减轻村级经济负担。

（5）"零招待费"制度。镇机关干部下村取消村级招待，实行"零招待费"制度。所谓的"零招待"并不是说不能开支招待费，而是说招待费只能用在有关于农民的问题上，其他的招待费一律不可以开支，比如上级领导来访的招待就不能开支。在实践中，各地都有不同做法，例如，浙江省德清县实行限额规定,年收入在 50 万元以上的村,招待费限额为 5%;年收入在 100 万元以上的村,招待费限额为 4%。在年终结算时,按超额累进方法计算,如出现超支,必须写出书面说明,并由村级班子成员个人负担,超支额的 50% 由村书记和村委会主任共同负担,另50% 由其他村干部共同负担。实行该制度后,招待费下降了 30%～60%。又如,浙江省诸暨市山下湖镇机关干部下村联系工作时,原则上回镇食堂就餐,因工作需要或路途遥远不能返回机关食堂就餐的,实行就餐付餐券制度,"工作餐券"实行一人一票一餐制,每餐标准不超过10 元,就餐时交给村里定点农户,每季度凭票向镇财办结算。

(6)工程项目招投标制度。浙江省绍兴县夏履镇的基本做法是:村成立招投标领导小组,主要由村两委会成员、其他在编村干部组成,根据需要也可推选懂得相关业务知识的村民参加,成员数在 5～7 人,设领导小组组长 1 名(原则上为村支部书记或村委会主任)。招投标工作在村民理财小组监督下工作。

实行公开招标的事项主要是村集体资产变卖、出租、土地承包、工程建设(维修)、支付工资的劳务性工作、大额度物品采购以及有关政策规定等。

招投标必须遵循"公开、公平、公正"的原则,每次招投标工作会议,招投标领导小组成员都应在签到单上签名盖章,因故不能参加的,应注明原因。

凡通过招投标的,在与对方当事人签订合同前,需经招投标领导小组和理财小组审核同意后,方能签订合同,否则视为个人行为,给集体利益造成的损失由行为人承担。

合同签订后一式三份,一份由村留底备查,一份报镇经管站备案,一份在村务公开栏内予以张贴公布,接受群众监督。

招投标领导小组成员如有泄露标底,或其他可能影响招投标工作公平、公正进行的行为,一经查实,将取消其领导小组成员资格,给集体利益造成损失的,还应承担经济赔偿责任。

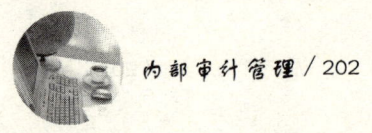
（三）民主管理程序

以浙江省绍兴县夏履镇为例。夏履镇在长期实践中总结出六大民主管理程序，为开展审计工作提供了程序标准，如图 15-4 至图 15-9 所示。

1. 经济（社会）发展规划、年度工作、公益事业项目安排

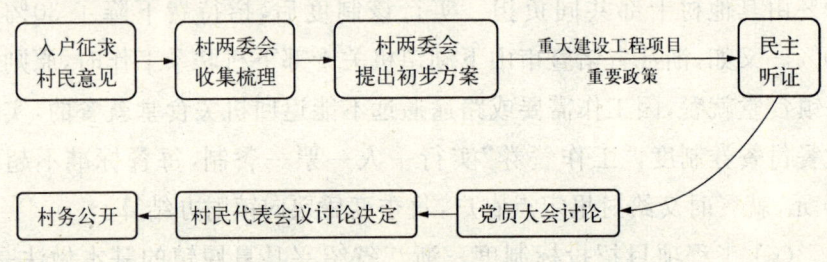

图 15-4　民主管理程序之一

在图 15-4 中：① 重大建设工程项目指预算投资在 10 万元及以上的建设、承包方案；② 重要政策：村提留的收缴及使用、村民承包经营方案、宅基地使用方案等涉及大多数农户的决策。

2. 集体资产经营

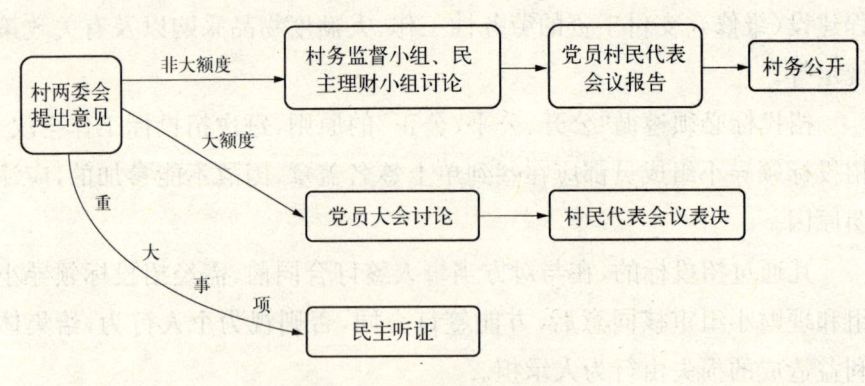

图 15-5　民主管理程序之二

在图 15-5 中：① 非大额度指收支在 1 万元以下，或非生产开支在 5 000 元以下；② 重大事项指收支在 10 万元以上的集体资产经营。

集体资产包括：① 法律规定为集体所有的耕地、森林、山林、荒地、竹园、水面等自然资源；② 村集体经济组织投资形成的房屋、桥梁、林

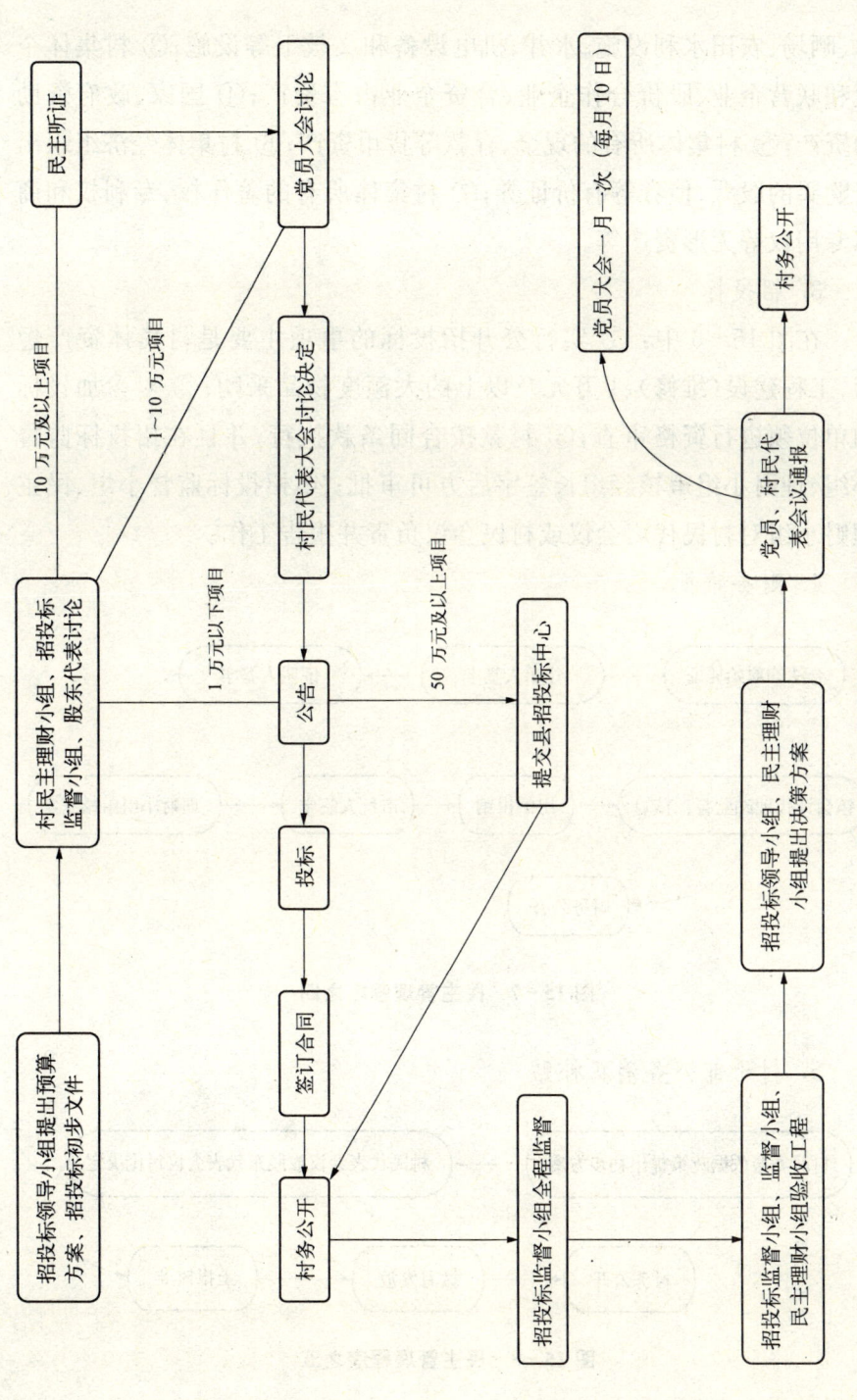

图 15－6 民主管理程序之三

木、晒场、农田水利设施、水井、机电设备和文教卫等设施；③ 村集体企业和联营企业、股价合作企业、合资企业占有资产；④ 国家、政府资助的资产；⑤ 村集体所有的现金、存款等货币资产；⑥ 村集体经济组织出资购买的股票、债券等有价证券；⑦ 村集体所有的著作权、专利权和商标专用权等无形资产等。

3. 招投标

在图 15-6 中：① 实行公开招投标的事项主要是村集体资产经营、工程建设（维修）、1 万元及以上的大额度物品采购；② 对参加投标的单位须进行资格审查；③ 付款按合同条款执行，并且在招投标监督小组、理财小组审核经组长签字后方可审批；④ 招投标监督小组、民主理财小组对村民代表会议或村民会议负责并报告工作。

4. 财务审批

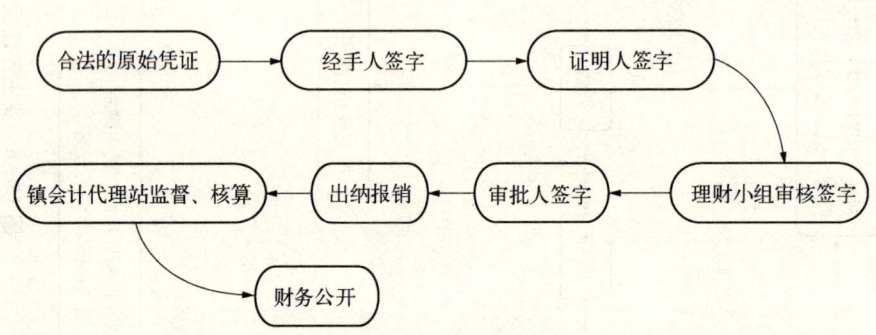

图 15-7 民主管理程序之四

5. 村干部公务消费补贴

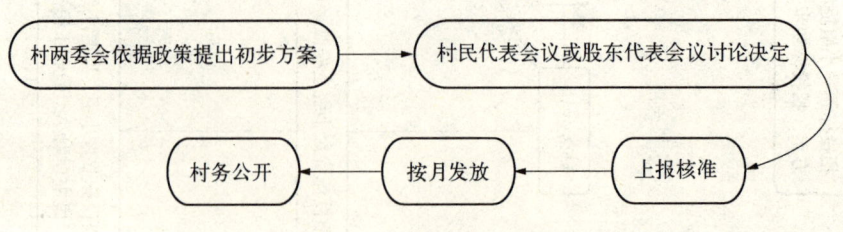

图 15-8 民主管理程序之五

在图 15-8 中：① 实施对象为村在编干部；② 按职务享受现金补贴，实行村级"零招待费"。

6. 村干部报酬、误工补贴

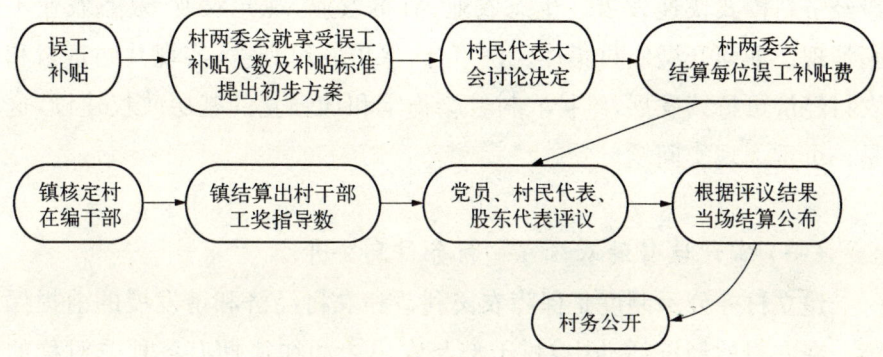

图 15-9 民主管理程序之六

在图 15-9 中：① 评议结果上下浮动系数为 20%；② 评议分为偏高、偏低、适中三类；③ 评议结算公式：年度工奖报酬＝[（规模工资＋责任奖＋效益奖）＋（责任奖＋效益奖）×$\left(\dfrac{偏低－偏高}{评议人数}\right)$×20%]，误工补贴＝村两委会结算出误工补贴×$\left[1+\left(\dfrac{偏低－偏高}{评议人数}\right)×20\%\right]$；④ 2/3 以上应到对象参加评议才有效。

四、农村集体经济审计

近年来，随着中央农村政策不断深入人心，农村集体经济飞速发展。例如，浙江省嵊州市，农村集体资产总量快速提升，村级集体经济收入以近 50% 速度递增，经济实力不断增强。又如，浙江省诸暨市山下湖镇，全镇 31 个行政村，除去土地征用补偿等非常规性收入，每年经常性生产经营收入 1 000 多万元，平均每村达 35 万元，支出也大致相当，100 万元以上的就有 9 个村。较强的集体经济实力，是农村兴办集体事业、改善农民群众生活的有力保障，较大的现金流的监管已成为农村财务管理中必须高度重视的问题，如果不加强监管，不仅损害农民利益，也严重影响农村的稳定大局。农村集体经济还实现了多样化发展，工业型、市场服务型、土地流转型、城郊开拓型、资源开发型等多种农村村级经济新模式快速发展。生态农业、有机农业、观光农业、效益农业不断涌现。如何开展农村集体经济审计，保护农民利益，实现共同富裕和农村经济可持续发展，维护农村社会稳定和加强党的基层政权建设，这是一个重大现实问题。

（一）审计监督的基础——村务信息公开

建立村务公示制度是保障农民利益和农村经济和谐发展的前提保障。在农村的经济活动中，村干部与农民之间往往拥有各种非对称的信息，并对农村经济活动产生重要影响。所谓非对称信息，指的是经济活动的村干部拥有较全面、较完整的信息，农民则拥有不完全信息。由于参与人在经济活动中拥有的信息不同，他们在经济活动中就处于不同的地位，具有信息优势的村干部具备欺骗农民，以获取更大利益的客观条件。

根据非对称信息发生的时间，可以将各类非对称信息分为两类：一类是对称信息发生在村干部上任之前，另一类则发生在村干部上任之后；前者会引起"逆向选择"问题，后者将导致"道德风险"问题。事务公示和财务公示信息透明，有效改变了村干部与农民之间的信息不对称状态，使一切村务活动都置于全体村民的监督之下。

信息透明，主要是事务公示和财务公示。

事务公示的内容有：村民大会、村民代表会议讨论决定事项的实施情况；村财务收支情况；村土地、集体企业和资产的承包、经营和租赁情况；征用土地各项补偿作用情况；村民建房审批情况；村民承担费用和劳务情况；优抚、救灾、救济款物的发放及低保对象的确定情况；国家计划生育政策的执行情况；村干部年度工作目标执行情况；村公共设施建设项目的投资、承发包情况；村民户籍迁移情况；涉及村民利益和村民普遍关心的其他事项。公开形式是及时在公开栏上张榜公布。公开时间分长期固定内容公示和临时短期公示两类。对村两委会年度工作目标、责任人等年度性的工作实行全年公示;其他内容视情况公示 7～15 天。

财务公示的内容有:每月村集体财务收支情况;集体资产经营情况,如承包、处置等收入;土地征用费分配作用情况;债权债务情况;招待费开支情况;村干部误工报酬、通讯费补贴支出情况;建设工程项目资金的筹集、投入情况;低保对象确定,救灾、救济款物、上级拨款的发放作用情况;村民关心的其他重大财务事项。公示形式以现金日记账形式定期在公开栏上公示。公示时间为每月一次,在月初公布上个月的财务收支日记账。

(二)审计监督的委托主体——村务监督委员会

《中华人民共和国宪法》明确规定了公民的管理、监督和参与的权利。监督权作为公民的一项重要民主权利,对推进村级民主进程具有重要意义。《中华人民共和国村民委员会组织法》第二十二条规定,村委员会实行村务公开制度,并自觉接受村民监督。这是对村民享有监督权最直接的法律依据。但是村民如何有效开展监督,缺乏具体的法律依据,需要基层探索创造。

2004 年 7 月,中共中央办公厅、国务院办公厅发出《关于健全和完善村务公开和民主管理制度的意见》,要求强化村务管理和监督制约机制,设立村务公开监督小组、村民理财小组等机构,从宏观上对权力的配置进行了制度设计。

浙江省各地试点推广村务监督委员会制度,通过群众自发组织设立专门机构,在村级事务开展全程监督,不断深化村级民主管理,有效确保农民的知情权、参与权、监督权落在实处。

监督委员会这一机构,在制度上与村党支部、村委员会并列,由村民代表会议推选产生,经村民代表会议授权对村级事务实施监督,并对村民代表会议负责，任期与村委员会相同。监督委员会成员组成突破村两委会家庭势力，明确规定村两委会成员及直系亲属、配偶、兄弟姐妹等近亲属不得担任监督委员会成员，而是由村民代表直接选举产生，充分体现代表广泛、参与广泛的要求。

监督委员会的设立，成为与村两委会并列的"第三委"，从而形成了村党支部、村委会、村监委会"三驾马车"相互制衡、相互合作的权力运行新机制，有利于村民监督权力的行使，有利于村两委会矛盾的调和，有利于改善基层的政治生态环境。

监督委员会的设立，扩大了村民民主监督的权力内容。以前农村设立村务监督机构主要是村民民主理财小组，人员由村两委会任命，组长还是由村支书兼任，监督的职能流于形式，群众无法真正参与监督。村监督委员会的设立，首先从组织机构上看，建立一个与村两委会并列的单设机构，保证了村民监督权力的单独行使；其次，从监督内容看，实施村监督委员会后，村民代表大会由以前侧重于对村级财务的单一监督变为对党务、村务、财务全方位监督，体现了监督的全面性；最后，从监督过程看，村监督委员会通过参加村两委会会议，对村务、财务公开的清单及报账前进行审核，通过村级采购的全过程参与，使村民参与监督从事后向事前、事中、事后全过程转变，延伸了监督的触角，前移了监督的关口，提高了村民监督的实效性。

（三）新农村集体经济审计监督创新模式

为了加强农村集体经济的审计监督，保护农村集体经济组织及其成员的合法权益，促进农村经济健康发展，浙江省人民政府第 147 号令，颁布了《浙江省农村集体经济审计办法》，并于 2002 年 10 月 1 日施行。

浙江省各地县（区）基本都设置农业和农村工作办公室（简称"农办"），隶属于县（区）政府，是机构改革中的新设机构，主要承担县（区）政府农业和农村工作的调查研究、综合协调、检查监督、指导服务职责。在农办下设农村经济审计中心，行使村级集体经济审计和财务管理监督的职能。

第147号令的基本特点：① 审计定位：农村集体经济审计是对农村集体经济组织及其所属单位的资产负债、财务收支等经济活动进行的审计，对提取、管理、使用农民承担费用和劳务进行的专项审计及其他专项审计。② 审计主管：县级以上人民政府农业行政主管部门负责本行政区内的农村审计工作。③ 审计处理：对于违反国家规定的财务收支行为，农业行政主管部门具有"予以指明并责令其自行纠正"、"依照法定权限作出处理、处罚决定"、"向有关主管机关或者集体经济组织提出处理意见"等权限。

1. 浙江省各地农村开展审计的基本情况

（1）建立农村经济审计制度：农村基层组织根据国家有关政策、制度，结合本地区实际情况，制订农村经济审计制度，详细规定农村经济审计的对象、范围、职责和程序，把农村经济审计工作作为一种正常的经济监督，使审计意识深入群众。

（2）实行委托收费制度：以浙江省绍兴市为例，绍兴农村经济审计中心在进行审计时，首先是要办理委托手续，由村监督委员会委托农村经济审计中心开展常规审计或专项审计，并且村集体组织要向农村经济审计中心支付审计费用。

（3）规范审计程序：对于农村经济审计的基本程序是，制定审计工作方案、发出审计通知书、实施就地审计、调查取证归纳问题、评审内部控制、出具审计报告、作出审计决定、复审异议问题。

（4）建立审计结果公示制度：以浙江省绍兴市为例，在审计结束后，将审计结果及时公之于众，与广大党员干部、群众见面，接受群众监督，提高农村经济审计的透明度，维护群众知情权，强化民主监督。

（5）审计范围：以浙江省嵊州市长乐镇为例，农村经济审计范围涉及财务收支审计、经济责任审计、工程项目审计、村主要干部离任审计、财经法纪审计、土地征用款审计、农业经济基地补助款、群众反应强烈的党政领导最关注的热点难点问题等全方位审计。审计完全服务于农村集体经济,范围广泛、业务多样。

(6)审计结果与业绩考核挂钩:以浙江省诸暨市为例,在对每个村进行审计以后,审计结果一方面予以公示,另一方面对于违规行为,由农村行政主管部门配合乡镇政府要求被审计村委会立即改正、接受处理、处罚意见,同时将审计结果与村委会业绩考核结合起来,具有鲜明的政府审计特点。

2. 审计监督运行模式(见图 15 - 10)

村务、财务公开,使信息公开透明,消除不对称信息,从根本上铲除了村干部的"逆向选择"和"道德风险";建立村务监督委员会,形成新的村级权力制衡机制,从体制上防范了腐败;创新农村集体经济审计监督,保护了

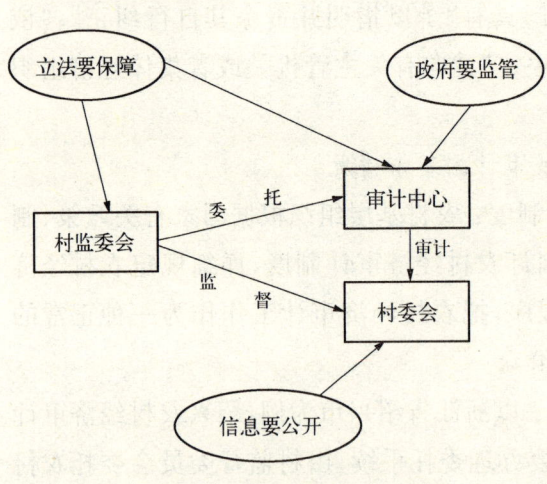

图 15 - 10 审计监督运行模式

农民利益,使农村集体经济和谐健康发展。

(四)农村集体经济审计中心的实践

以浙江省余姚市为例。余姚市农村审计工作起步较早,20 世纪 80 年代,开展了以乡镇企业、村级财务检查和指标完成情况真实性的审计。1997 年 6 月,各乡镇先后建立了审计所,市政府、市审计局先后出台一系列规范和指导农村审计的文件和制度,使农村审计工作逐步走上正常化、规范化和制度化轨道。2001 年,乡镇机构改革后,原来单独设立的乡镇审计所挂靠乡镇党政办公室。2005 年 5 月,余姚市编委发文建立市农村集体经济审计中心(副科级全民事业单位、核定人员编制5 名,以下简称农村审计中心),由审计局负责管理、农林局配合指导,

所需经费列入市财政预算。同时，为加强乡镇、街道审计工作，充分发挥基层审计工作者的积极性，乡镇、街道审计所所长在职期间享受乡镇中层正职干部待遇。目前，全市 21 个乡镇、街道审计所，共有农村审计人员 106 人（其中专职人员 35 人），市农村集体经济审计中心已充分发挥了职能和作用，指导全市乡镇、街道审计所开展农村集体经济审计监督，取得了实效。其机构体系设置如图 15－11 所示。

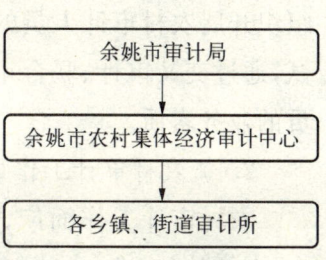

图 15－11　余姚市农村审计机构体系

余姚市农村审计工作的基本做法可归纳为以下几个方面。

1．抓农村审计资源整合

农村审计队伍素质参差不齐，专职审计人员相对较少，农村审计力量不足和审计任务之间的矛盾十分突出，这些问题制约了对村级经济审计监督的发展，而在当前机构改革、人员精减的大趋势下，要增加人员编制也是不切实际的。因此，抓好农村审计资源整合是推进农村审计工作的重要保证。余姚市在资源的整合上主要做到：一是加强农村审计机构建设。在 2005 年成立农村集体经济审计中心的基础上，进一步加强了农村审计中心人员的配备，从审计机关推荐提拔了一名熟悉审计业务的科长担任农村审计中心主任，并通过公开招考、选调等方法，将政治素质高、业务素质强的专业人才充实到农村审计中心，目前农村审计中心已配备在编审计人员 4 人。同时，进一步加强基层审计所建设，市编委发文要求各乡镇、街道加强审计所建设，落实专职审计人员，审计所长享受中层正职待遇，进一步稳定了审计队伍，促进了农村审计工作。目前，已配备专职农村审计人员 35 人。二是积极借用各种审计力量。在开发农村审计项目时，充分借用乡镇、街道纪检、财政所、农林办等力量，联合开展审计，并将他们吸收为兼职审计员，在开展基建工程审计项目上，充分借用社会中介机构的审计力量，组织委托开展基建项目审计，缓解了审计压力，提高了审计效率，扩大了审计覆盖

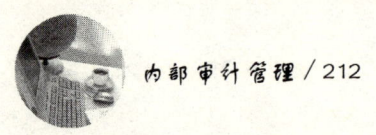

面。三是加强审计人员业务培训,充分挖掘现有审计人员潜力。每年组织开展农村审计人员的后续教育、业务培训和农村审计资格证书考试,通过交叉审计、联合审计等多种形式以审代训,进一步提高审计人员的业务素质。

2. 抓农村审计工作重点

农村审计工作面广、量大,力量不足,任务较重,因此必须抓住重点,有的放矢,进一步提高农村审计的针对性。农村审计中心根据当地实际,围绕中心工作,制定了《乡镇、街道审计工作指导意见》,要求乡镇、街道农村审计工作主要对以下事项进行审计:一是村级财务审计。每年安排 1/3 的行政村进行集体财务审计,实施三年审一次,一次审三年,有的乡镇、街道已做到了一年一轮审,主要是对村级财务的管理使用情况进行审计。同时,结合财务审计开展村干部经济责任审计,2005年共审计行政村 96 个,开展村干部经济责任审计 32 人。二是专项审计。特别是对群众普遍比较关注的土地出让金的分配、使用和管理情况;村干部报酬、补贴发放情况;救济、扶贫等专项资金发放情况及其他涉农资金的管理使用情况进行专项审计调查,2005年开展专项审计项目 9 个,使发现的问题能够得到及时纠正。三是建设工程项目审计。要求投资 100 万元以上的建设项目,审计所及时做好调查摸底工作,并督促建设单位工程竣工后按规定程序接受市国家建设项目审计分局的审计,投资 100 万元以下项目,因审计资格和力量限制,组织具备资质的社会中介机构进行审计,2005年共配合审计基建工程项目 378 项,核减工程款 2 162 万元,为乡镇、村级节约了不少资金。

3. 抓农村审计规范化建设

为了进一步规范农村审计工作程序,减少审计风险,提高审计效率,农村审计中心不断探索,围绕审计规范化建设主要抓好了以下工作:一是加强交流指导。定期召开农村审计工作会议,仅 2006 年,就分片召开了 2 次农村审计工作会议,交流农村审计工作经验,分析当前存在的困难和问题,提出"百村审计"工作要求和措施。二是典型示范。

为了进一步发挥示范作用,对基础较薄弱的乡镇、街道由农村审计中心安排审计项目、制定审计方案、把握审计重点、规范审计程序、掌握审计方法,提供范例和依据,以起到典型示范作用。三是制定了《农村集体经济审计范本》。农村审计中心结合自身的审计经验,借鉴了农村审计工作规范的乡镇、街道的做法,取长补短,先后制定了适合农村审计实际的《审计操作规程》、《审计文件材料阅卷归档作业规程》、《农村集体经济审计实施意见》等规章制度,针对农村集体经济审计的特点,对农村审计工作程序、重点、内容、范围、文书格式等进行了统一,整理编印了操作范本,规范了审计程序,有效地促进了农村审计工作质量的提高。

通过审计,促进了农村经济的发展。2005 年全市村级集体经济总收入达 6.09 亿元,比 2002 年增长 67.2%,全市村级总资产达 22.46 亿元,比 2002 年增长 71%,2005 年农民人均纯收入 7 661 元,比 2002 年增长 25.2%。通过审计,促进了农村社会稳定。据统计,全市反映村级财务问题的信访、上访事件,从 2001 年的 380 件下降到 2005 年的 55 件,集体上访从 13 起下降到 4 起。通过审计,促进了农村干部廉政建设。据统计,农村基层党员干部受党纪政纪处分的人数,由 2002 年的 53 人逐年减少到 2005 年的 19 人。

(五)农村集体经济审计特点

农村经济审计是中国特定条件下,为稳定农村大局而产生的一种新型审计模式。农村经济审计既具有政府审计的强制性、处罚性,对审计结果具有评价、纠正、建议、处理、处罚等权力;也有民间审计的受托性、有偿性,审计要办理委托手续、收取审计费用;更有内部审计的多样性和内向性,其审计目的是服务于农村农民集体经济,审计范围涉及农民利益的方方面面。农村审计中心既独立于委托人也独立于被审计单位,是双向独立。农村审计既不是政府审计,也不是民间审计,更不是内部审计,是"三不像",因而称之为第四审计模式。农村经济审计是在新形势下对区域公共资金的管理审计。

四种审计模式特点比较如表 15－2 所示。

表 15－2　四种审计模式比较

政府审计	民间审计	内部审计	农村审计（第四模式）
强制性	受托审计	审计服务内向性	强制性、处罚性
无偿性	有偿审计	审计业务多样性	受托审计、有偿服务
处罚性	鉴证审计	审计时间不定期	内容多样性、服务内向性
单向独立	双向独立	单项独立	鉴证审计、双向独立

五、乡镇审计工作建设

乡镇审计与农村集体经济审计，虽然都是针对农村，都对稳定农村社会具有特别重要的意义，但是是两种不同性质的审计工作。乡镇审计工作的对象是政府财政专项资金在建设新农村过程中的使用情况，属于政府审计工作在农村的延伸。农村集体经济审计是针对农村和农民的集体经济、公共资金开展的审计工作，是一种内部审计，但是由于中国的现状要求，农村集体经济审计对稳定农村社会，促进和谐社会发展，具有举足轻重的作用。因此，政府的参与程度较多，明显带有政府审计的色彩。

（一）加强乡镇审计工作的现实意义

加强乡镇审计工作有利于落实中央对农村的政策精神。历年来中央都加大对农民的补贴力度，对种粮农民实行直接补贴，有条件的地方要提高补贴水平，大幅度增加良种补贴和农机具购置补贴；加大对农业基础设施建设和科技进步的支持力度，建立小型农田水利补助专项资金；加大对产粮大县的财政支持力度，中央财政安排专项资金，对产粮大县和财政困难县实行转移支付；加大扶贫开发和农村社会事业投入力度。如此巨大的投资力度，如何监督实施，如何让农民享受到党的温暖,这都需要审计工作的全面落实。加强乡镇审计工作有利于落实中央的政策精神。

加强乡镇审计工作是完善经济监督体制的需要。根据《中华人民共和国宪法》和《中华人民共和国审计法》规定,国家审计机关只设立到县一级,乡镇不设国家审计机关,对乡镇财政财务的审计监督由县级审计机关直接实施。随着县乡经济规模的不断壮大和村级经济的发展,尤其在政府机构改革之后,县级审计机关人员少、任务重的矛盾更加突出,对乡镇部门单位和各类集体经济组织的财政财务收支活动不能形成经常有效的监督。在决策、执行和监督三个密切相连的经济活动过程中,监督环节明显弱化,甚至出现监督“盲区”,使部分部门单位的经济活动游离于监督之外,容易产生一些问题。因此,开展和加强乡镇审计工作,建立乡村经济活动的经常性审计监督机制已是客观需要。

加强乡镇审计工作,有利于建设高效廉洁的基层政府,保持共产党员先进性,保证共产党的执政地位不动摇。开展乡镇审计,积极预防经济腐败,从制度建设和监督机制上制约经济腐败产生,使“关口前移”变为现实。和谐社会呼唤审计,审计监督是国家和人民财产的“守护神”和“看门狗”,通过审计揭露问题,使社会进一步增强协调性,并为大幅度提高社会和谐程度提供体制性资源。近年来,一些乡镇基层干部随着手中掌握财力的增加,经不住金钱的诱惑,发生贪污公款、挪用集体资金、私设“小金库”等违法违纪问题,乡村财务管理制度不健全,管理混乱,收支不透明、不公开,损坏了干部在群众中的形象和威信,败坏了党风,这是当前农村干群矛盾发生的集中点,有时矛盾激化,产生干群纠纷,群众上访告状,干部威信降低,影响了基层政权稳定。建立乡镇干部审计制度,能够从制度上保证对基层干部的监督,不仅可以使干部警钟长鸣,增强廉洁自律意识,而且给农民一个明白账,增强农民对干部的信任。同时,也可以还干部一个清白账,使基层干部能够一心一意搞建设,同心同德谋发展。

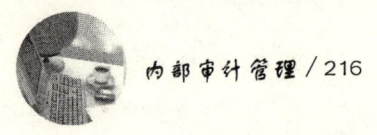

（二）关于乡镇审计体制的完善

《中华人民共和国宪法》和《中华人民共和国审计法》明确规定"县级以上地方人民政府设立审计机关"。而作为我国最基层的地方政权——乡镇人民政府，该不该设立审计机关，在法律上没有明确规定。乡镇审计虽然不是一个新名词，但至今仍是"名不正言不顺"，其性质和地位国家都没有明确，既不是政府审计，也不是内部审计，更不是民间审计。开展乡镇审计工作"名分不正"、"三不像"，审计的独立性受到质疑，审计的权威性荡然无存。在以法治国的今天，建立乡镇审计切实可行的"法"势在必行。

1984年，国家审计署成立后不久，国家农业部就向全国农村经营管理站发出成立农村内部审计的通知，要求在各地的经管站内设置内部审计机构，开展农村审计工作。根据农业部的要求，乡镇审计基本上以内部审计的身份开展工作。中国内部审计协会至今一直将乡镇审计作为内部审计进行管理。

但在现实中，由于法律上没有明确规定，乡镇审计管理模式与机制呈现出多样性：第一种是"垂直领导型"，具体表现为县级审计机关直接领导乡镇审计，或县级农业部门直接领导乡镇审计；第二种是"双重领导型"，由县级审计机关与乡镇政府共同领导，或县级农业部门与乡镇政府共同领导；第三种是"内部领导型"，乡镇审计由乡镇政府领导，相当于乡镇政府的内部审计机构。

在实践中，创新乡镇审计模式，建立审计长效机制，乡镇审计模式选择政府审计模式比较合适。该模式把乡镇审计视为县级国家审计机关的派出机构。乡镇是一级政府，也是一级财政。政府机构设到哪里，财政资金分配、使用到哪里，审计机构就应该设到哪里，审计监督就应该实施到哪里。一方面，乡镇审计机构可以相应履行国家审计的相关职能，对乡镇财政收支实施监督；另一方面，乡镇审计的地位提高了，审计独立性在一定程度上得到保证，还有助于加大乡镇审计处理处罚力度。

（三）关于乡镇审计工作开展的范围

1. 农民经济负担审计

加强对农民经济负担审计,维护农民合法权益,维护社会稳定,是当前一项十分紧迫的政治任务。但目前一些地区农民负担较为沉重,层层加码、超规定比例提取资金及"三乱"问题普遍。同时,由于民主理财制度不健全、财务管理混乱引起农民强烈不满;再加上有些领导干部工作方法不当,无视农民的承受能力和呼声,有的村干部工作态度蛮横,强拉强征,导致基层干群关系紧张,农民集体上访、过激行为日渐增多,严重影响到社会的稳定和基层政权的巩固。因此,加大审计力度,重点审计农村税费改革、税费减免和有关农民增收减负等政策的执行情况,以及对财政转移支付到村资金的落实情况。对涉农收费项目和收费单位进行审计,规范收费行为,查处和纠正各种面向农民的乱收费、乱集资、乱摊派问题,减轻农民负担,保护农民利益。减轻农民负担,化解社会矛盾是当前一项紧要任务,也是现阶段乡镇审计的重点。通过审计,保障农村税费改革等"三农"政策落实到位。

2. "三农"问题审计

围绕"三农"问题开展审计工作,促进"三农"政策贯彻落实,以确保资金及时到位,维护资金使用效益。扶贫、救灾、水利、农业等专项资金政策性较强,在发展农村经济中发挥着重要作用。但由于缺乏有效的审计监督,各项资金被截留、挤占、挪用现象十分普遍,资金的拨付、使用、结余情况不清,使用效益低下,严重影响国家农村经济政策的实施和宏观调控,影响农村经济的健康开展。通过审计,严肃查处违纪行为,可以促使专项资金足额到位,充分发挥资金使用效益,确保国家政策的落实和实施。

3. 群众信访案件专项腐败审计

开展群众信访案件专项腐败审计,以及时化解基层矛盾。目前基层的上访案件中,经济问题占多数,乡镇审计要发挥贴近群众的优势,针对群众反映的问题,组织开展专项审计,及时澄清问题,让群众明白,还干部清白。权力一旦失去监督,必然导致腐败。目前农村基层腐败案件数量上升,一些领导干部、财务人员利用职务贪污、挪用公款;有的地方村委会集体贪污,数额巨大;个别干部目无党纪国法,生活奢侈腐化堕落,与生活水平处在贫困线上的农民形成鲜明对比;有些乡镇干部的别墅豪宅与农民的土房茅舍形成强烈的反差。通过加强审计,查处贪污腐败、群众反响强烈的问题,挖出蛀虫,惩治腐败,促进农村经济健康有序发展。对于存在问题的干部,提出处理意见,移交有关部门处理,及时化解基层矛盾,维护农村社会稳定。

4. 乡镇投资项目审计

全面开展乡镇投资项目审计,以加强项目管理,节约建设资金。乡镇投资建设项目,有的资金数额较大,投资项目建设质量和效益如何,直接关系到乡村经济的发展,同时在项目建设过程中,容易产生腐败问题。乡镇审计要把集体投资建设项目作为监督重点,加强农业基础设施建设项目、农业技术推广应用项目和农村社会公益事业等投资项目全过程跟踪审计与评价,对工程项目从立项、施工到竣工决算实施全过程监督,为节约集体资金、促进加强项目管理、保障资金安全、提高资金效益发挥积极作用。

5. 社会热点问题专项审计

在市场经济条件下,由于市场主体多元化,引起利益分配格局的变化,一些单位、部门违纪行为严重,不惜采取弄虚作假、挤占挪用等手段,谋取单位和部门利益;有些人贪污挪用公款,损公肥私,严重侵犯人民群众根本利益。审计作为综合经济监督部门,要把群众关心、关注的热点、焦点、难点问题作为工作重点,突出对违纪案件的查处,制止和纠正经济活动中的不法行为,堵塞经济管理上的漏洞。特别是领导干部的通讯费、交通费、招待费、工资奖金收入等方面要重点审计。

6. 乡镇领导干部经济责任审计

对乡镇领导干部经济责任审计的主要内容包括:乡镇财政财务收支的真实性、合法性和乡镇财政预算执行情况;乡镇政府国有、集体资产保值增值情况；乡镇政府举债决策、规模、结构、用途、效益、偿债能力情况；财政经济政策执行情况；大额财政资金、重大经济事项内部控制情况；领导干部个人遵守廉政规定情况。

7. 乡镇政府负债审计

乡镇审计要摸清乡镇财政预算内外直接负债和其他主体举债而最终由乡镇财政承担的显性和隐性负债；分析举债用途、规模、投向和效益，检查举债决策程序和内部控制；检查有无不顾财力、不惜民力，搞"形象工程"、"政绩工程"和举债购车、建楼堂馆所等问题；对负债失控，应重点调查分析原因，多方面听取意见，针对性提出审计建议。

六、相关政策建议

虽然农村审计的开展取得实效斐然，但是仍有不尽如人意的地方，有待进一步改善，需要立法部门、政府部门、农业部门、审计部门、审计协会的共同努力。

（一）完善相关法律

农村审计权威性欠缺，立法是当务之急。农村审计至今仍是"名不正言不顺"，陷入尴尬的"无法可依"的窘境，《中华人民共和国审计法》和《中华人民共和国村民委员会组织法》均没有对农村审计予以明确规定，立法迫在眉睫。

农业部、监察部、国务院为纠正行业不正之风颁发的办公室文件《关于做好村干部任期和离任经济责任专项审计的通知》（农经发［2005］第12号），就开展村干部经济责任审计工作进行了具体部署。但是，按照《中华人民共和国村民委员会组织法》的规定，村官是由村民选举产生而不是上级政府任命的，上级不能干预过多。村民委员会是村民的自治组织，既不是国家一级行政机关，也套不上"公司企业等其他法人"。村干部不是国家干部，开展离任审计没有法律依据。

另外，在实际工作中，仅仅依靠农村审计中心单枪匹马，所遭受的

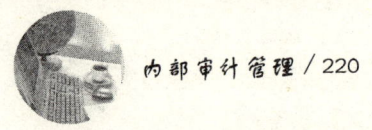

工作阻力很大,因此,还需要农村审计中心与纪委、检察、审计、公安等部门建立联席会议制度,提高综合审计办案效果。

(二)提高审计人员素质

审计力量薄弱、审计人员知识结构单一是审计工作中的突出问题。目前浙江省农村各地,每个农村审计中心的专职审计工作人员仅3~5人,取得农业部门审计资格和内部审计协会审计资格的人员较少,同时还要兼顾农村经济工作和群众来访接待工作,审计力量薄弱。从事审计工作的人员,大多数是原农村财务辅导员,他们长期从事农村集体经济财务管理工作,对农村财务了如指掌,但从事审计工作的时间较短,对审计知识欠缺,后续培训太少。内部审计协会应加大管理和培训力度,当然这需要与农业主管部门的有机配合。

审计人才的质量是审计事业的根本,审计人员的素质决定着审计工作的质量和效率。目前,乡镇审计人员的政治水平与业务素质与实际工作还有一定的差距,急需进一步提高。抓好教育培训、提高乡镇审计人员素质是当务之急。为此,各级审计机关特别是县级审计机关、内审协会要大力抓好乡镇审计人员的培训工作,不断提高乡镇审计人员业务素质。主要从三个方面入手:一是上岗前的培训,重在基础,确保每位乡镇审计人员都具有任职资格,没有审计资格上岗证者,不能从事审计工作;二是执业中的培训,结合审计工作实际需要,适时进行审计前的集中培训,审训结合,以审代训,在审计项目实施过程中有针对性地解决乡镇审计人员在具体操作中遇到的实际问题,提高审计人员业务水平;三是加强职业道德培训,确保依法审计,廉洁公正。审计可以提高组织自身的免疫功能,增强活力。审计人员担负着神圣的职责,为社会、为组织、为公众提供高质量可信赖的专业服务。为使审计人员树立良好的职业形象和职业信誉,就必须大力加强审计人员的职业道德教育,强化道德意识,提高道德水准。

（三）增加农村审计机构经费投入

目前,农村审计中心的拨入经费严重不足,只能靠收费维持现状。农村审计独立、客观、公正评价集体经济运作行为,是为千千万万的农民服务的。农村审计中心不同于民间审计,不能以营利为目的。政府应该保证农村审计中心的正常经费,以服务"三农"为根本宗旨,委托审计的收费只能是象征性的。只有这样,才能真正加强农村经济监督,促进农村集体经济持续稳定发展,维护农村社会稳定。

2006 年,浙江省农业厅、省编委办、省监察厅、省财政厅和省审计厅联合发布了《关于加强农村集体经济审计工作的意见》,机构编制部门应在农村审计工作中给予大力支持,给予农村审计部门单独的机构编制,财政部门给予农村审计部门单独预算,保证农村审计工作的正常经费。

（四）政府要加强对农村审计中心的监管

农村审计中心的审计质量需要政府相关部门的监管,目前对审计中心的管理主要集中在农业部门,但监管力度弱化。政府审计机关也只是在业务上给予指导。农经管理部门既要管理农村日常工作,又要开展农村审计工作,严重违背审计独立性原则,无法客观公正地开展审计工作。积极改进现行监管办法,把审计中心的资格审查、审计人员的从业资格检查、审计业务的组织检查、审计的质量检查等统一纳入各地审计部门主管范围,建立资格审查制度、质量保障机制、审计信息公示制度和竞争淘汰机制,确保农村审计中心作用的发挥。

（五）加强农村经济效益审计

目前农村经济审计大多数停留在财务收支审计上,对经济效益审计涉足甚少。例如,对村集体生产经营的指导思想、整体利益、长远利益、宏观经济效益、投入产出效益等方面的审计有待加强。盲目发展、盲目投资现象比较严重,举债搞建设谋求业绩政绩,使村镇组织背负沉

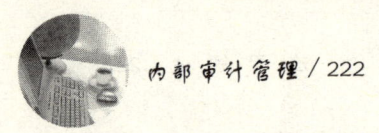
重的债务;盲目开发农业资源,使农业资源浪费严重。如何提高投资报酬率、建立节约型农村,农村审计中心要进行综合分析和提出改进的建议。

(六)积极推广农村集体经济审计中心的先进经验

浙江省余姚市农村集体经济审计中心在实践中建立了完善的农村审计制度,并取得实效,建议政府相关部门积极推广应用。加强农村审计中心的独立性和权威性,扎实推进社会主义新农村建设,促进基层党风廉政建设,维护和促进农村和谐社会发展。建立和完善农村审计监督制度、农村审计联席会议制度和农村审计整改情况督查制度。加强审计监督的力度,确保审计成效的落实。

 **主要参考文献**

[1] 习近平.在省委建设社会主义新农村专题学习会上的讲话[J].浙办通报,2006(39).

[2] 卢向明,周友兴.村级集体资产的现状与对策[J].中国内部审计,2006,80(2).

[3] 陈泳,闵岳清.加强审计监督力度难关 规范农村财务管理[J].中国内部审计,2005,75(9).

[4] 王晓春.三种审计方式服务经济监督[J].中国内部审计,2004,64(10).

[5] 李定石.关于乡镇审计模式的思考[J].中国内部审计,2005,71(5).

[6] 李琳.新农村与审计"浓墨重彩"正当时[J].中国审计,2006,302(7).

[7] 项志英.浅析农村集体经济审计中的问题及措施[J].中国内部审计,2006,81(3).

[8] 毛吉扬.会计代理制下的农村集体经济审计[J].中国内部审计,2006,82(4).

理 论 研 究

第十六章　审计学科、概念与要素研究

　　理论是实践经验的提升,理论更是指导实践的基础,没有科学完整的理论就没有有效的社会实践。审计理论研究涉及审计学科及属性分析,重要理论概念的基本界定,理论要素分析与实务要素分析。

一、关于学科的基本认识

　　"学科"这个概念,是目前大学里出现频率较高的词汇之一。大学里有以学科命名的学院或系室,教授们有自己学科的职称,学生们有自己学科的学位。那么究竟什么是学科呢? 对于学科的认识,可谓仁者见仁,智者见智。1979 年上海辞书出版社出版的《辞海》把学科解释为:"① 学术的分类。指一定科学领域或一门科学的分支。如自然科学部门中的物理学、生物学,社会科学部门中的史学、教育学等。② 教学的科目。学校教学内容的基本单位。如中小学的政治、语文、数学、外语等。"(第 1126 页)由此可见,学科首先是指知识体系或学术分类,其次是培养人才而设立的教学科目与教学组织。

　　实践是检验真理的唯一标准。任何学科的存在与发展,总是依托于存在的相关职业。职业产生在前,学科发展在后。职业决定学科,学科促进职业发展。一般来说,存在的独立职业有可能尚未形成相应独立的学科;但是存在独立学科的,必然存在独立职业。

　　随着人类知识的不断增加,知识的分类,即学科的分类,越来越受到人们的普遍关心与重视。目前,虽然各国和各种组织对学科的分类采取了不同的方法,但是基本上将人类知识划分为三大领域:一是自然科学,研究物的知识;二是人文学科,研究人自身的知识;三是社会科学,研究人与人之间以及人与物之间关系的知识。当今世界科学技术的发展越来越迅速,学科的分化也越来越迅速,新的学科不断涌现。同时,学科的交叉和综合也越来越迅速,这就呈现出当今科学发展的高度分化又高度综合的趋势。学科的划分是永恒的,随着时间和实践的变化而变化。

何为专业呢? 1979 年上海辞书出版社出版的《辞海》把专业解释为:"高等学校或中等专业学校根据社会专业分工需要所分成的学业门类。各专业都有独立教学计划,以体现本专业的培养目标和规格。"(第29 页)可见,专业是学校里的一个学业分类。那么又何为学科建设呢?高等学校的学科建设是指提高学科的学术水平建设,学科建设不仅涉及科学研究,还涉及教学研究和应用研究。学科与专业的关系应该是:学科是本质的、内在的,专业是依附的、外在的,学科水平决定了专业水平。学科不仅仅是包括知识和技术,还包括最为重要的文化内涵。何为文化呢? 1979 年上海辞书出版社出版的《辞海》把文化解释为:"从广义上来说,指人类社会历史实践过程中所创造的物质财富和精神财富的总和。从狭义来说,指社会意识形态,以及与之相适应的制度和组织机构。"(第 1533 页)每一个学科都有自己独特的文化内涵,教育之所以能培育人,不仅仅是传授知识和技术,更重要的是传播一个学科内在的固有文化。

二、审计学学科属性分析

(一)我国权威机构的属性划分

审计学究竟属于哪一类学科? 审计学的学科属性究竟是什么? 千百年来的历史没有给我们一个准确答复,审计学科一直"随风飘动,居无定所"。以下是国家两个权威机构给审计学的学科定位:

2011 年教育部发布的《普通高等学校本科专业目录（修订一稿）》中，学科门类由原来的 11 个增加到 12 个；专业类由原来的 73 个（含原目录 71 个专业类和 2 个目录外专业类）调整为 91 个，并与《学位授予和人才培养学科目录》（2011 年颁布）中的一级学科基本对应；专业由原来的 621 种调整为 443 种，其中《基本目录》专业 339 种，《专业名录》专业 104 种。

管理学门类下设管理科学与工程、工商管理、公共管理、农业经济管理和图书档案学等五大类。其中，会计学、财务管理、审计学列为管理学大类下工商管理的三级学科，如表 16 - 1 所示。

表 16 - 1 教育部的学科划分

一 级 学 科	二 级 学 科	三 级 学 科
管理学(11)	工商管理(1102)	会计学(110203) 财务管理(110204) 审计学(110207)
	......	
	公共管理(1104)	......
	......	

国家技术监督局 2009 年制定颁布的 GBT 13745 - 2009《学科分类与代码》国家标准，把学科分设 62 个一级学科，其中，会计学与审计学属于经济学，列为二级学科，财务管理属于管理学下的企业管理，列为三级学科，如表 16 - 2 所示。

表 16 - 2 国家技术监督局的学科划分

一 级 学 科	二 级 学 科	三 级 学 科
管理学(630)	企业管理(63040)	财务管理(6304020)
经济学(790)	会计学(79037) 审计学(79039)	

（二）理论分析与现实选择

审计学学科究竟"姓什么"呢？

罗伯特·K·莫茨和侯赛因·A·夏拉夫两位教授于 1961 年出版的《审计理论结构》中明确提出："把审计当作会计的分支是完全错误的，审计是与会计有关，因为审计人员首先应该精通会计，但是，审计并不是会计的一部分。""会计具有收集、分类、汇总和传递财务数据的职能，并具有经济业务和财务状况的计量和传播职能。会计的任务是把大量的具体信息浓缩到可以利用和理解的程度。审计并不进行这类活动。审计虽然必须考虑经济业务和财务状况，但没有计量和传播它们的任务。审计的任务是检查会计计量和传达的妥当性。审计是分析性，而不是制作性的，它对会计计量和申明的基础进行分析和调查。"

1972 年，美国会计学会下属的审计概念委员会《基本审计概念说明》中认为，审计是客观地获取和评价有关经济活动和事项说明的证据，以确定这些说明与已建立标准之间的相符合程度，并将这些结果传递给利益相关人的系统过程。《基本审计概念说明》同时指出，会计的目的在于提供有关资源利用、管理、控制和报告的信息；审计的目的在于确定被审计信息与既定标准之间的相符合程度。会计方法主要包括经济信息的计量、描述和解释，并以财务报表的形式将结果传递给使用者，所以会计是形成有用的、可数量化经济信息的创造过程。审计的方法主要是收集和评价与审计目的相关的证据，并以审计报告的形式将结果传递给使用者，所以审计是形成有用的、判断性信息的评价过程。审计一般不创造新的经济信息，但却可以增加会计所创造经济信息的价值。

尚德尔教授在《审计理论——评价、调查和判断》中指出："审计是人类为了建立对某种标准的遵循性而进行的评价过程，其结果是得出一种意见（或结论）。"

我们从管理学得知，管理一般包括计划、组织、领导和控制四种职能。控制活动旨在用计划标准来衡量行动取得的结果，并纠正发生的偏差,以保证计划目标的实现。审计就是通过查明事实,对照标准作出判断,进而反馈给控制部门的过程。由此可见,审计在管理中处于控制地位,是执行控制的重要手段。审计学属于管理类学科,这一点看来毫无疑问,但肯定不属于会计学科。

综观世界各国政府审计、民间审计和内部审计职业的发展现状来分析,审计学科已经远远超出了会计学范畴。政府审计由最早的财政财务收支审计,发展到今天的绩效审计,大力开展经济性、效率性、效果性、公平性与环保性审计。2000 年以来,美国审计总署(GAO)开展广泛的调查与评估工作,内容涉及社会安全、民众健康、国家防务、交通安全、恐怖威胁、伊拉克战争、人力资源、金融危机等方方面面,提出一系列高质量的风险评估报告,为国会和联邦政府服务。民间审计由最开始的差错防弊,发展到资产负债表信用审计和财务报表审计,新近又出现了电子商务认证、信息系统认证、绩效评价认证、风险评估认证、政策遵循认证和养老工作认证等。国际内部审计协会(IIA)对内部审计的定义是:内部审计是一种独立、客观的确认与咨询活动,它的目的是为组织增加价值并提高组织的运作效率。今天的内部审计已经不再停留在财务收支审计上,审计范围越来越广泛,它涉及组织管理的方方面面,渗透到组织的每一个角落。舞弊审计、人力资源审计、公司治理审计、内部控制审计、经营审计、采购审计、招标审计、价格审计、合同审计、工程造价审计、质量审计、营销审计、风险审计、战略审计、环境审计、责任审计等全方位展开。通过开展各种管理审计,防范经营风险,提高组织经营效率,实现防弊、兴利和增值的目的。

2004 年 7 月 7 日,具有 83 年历史的美国审计总署(以下简称审计总署)正式改变机构名称的用词,英文缩写为 GAO,全称则从 General Accounting Office(直译为总会计办公室)变更为 Government Accountability Office(直译为政府责任办公室)。这一措辞上的变化是美国审计总署近年来工作内容转变的结果,反映了美国审计总署未来的发展方向。

审计学不能列在会计学之下,也不能简单列在工商管理之下,因为审计已经与所有部门、所有事业、企业单位相关,而不只在工商管理范围内,更不仅仅是会计学的范畴,审计涉及公共管理的每一个角落,旨在提高社会成员的生活质量,为社会公众服务。笔者初步认为:政府审计属于公共管理,内部审计属于工商管理,民间审计属于会计学范畴。

三、若干重要概念

审计不仅仅只是一系列实务、程序、方法和技术,同时还有自己独特的理论,这种理论,存在一组基本公设和完整的概念体系。审计理论对审计实践具有洞察力、预见性和指导作用。从 20 世纪初开始,审计实务逐渐发展并形成一套比较完整的审计理论概念。这些概念是由若干个要素为核心组成的。学习并理解这些重要概念,对审计实务的学习大有裨益。

(一)审计公设

公设是人们进行工作的前提。公设决定着工作或不工作,决定着如何工作,决定着工作的方向和方法。审计公设产生的根本原因,是社会经济的多变性。审计总是在一定的社会经济环境中,通过一定的方式与手段,为一定的经济关系服务。然而,社会经济环境是变化莫测的,审计所服务的经济关系也是动荡不定的。这都将影响到审计的存在以及手段与方式使用的效果,从而增加了审计人员的风险。审计公设,实质上是面对变化不定的环境,在几种可能发生的经济环境或关系中,将最可能发生的经济环境或关系作为使用审计方式与手段的前提条件。这些前提条件与认定就是审计公设。

审计公设与自然科学中的假设不同。自然科学中,假设只是一种暂时的现象,它是产生科学定理的先导,不管定理成立与否,假设都将消失。假设只是对某一现象后面隐含的本质规律的猜测。这种猜测,可能是对的,也可能是错的,最终都要由实验来进行验证。

1. 美国审计学家提出的审计公设

1961 年,美国著名审计学家罗伯特·K·莫茨和埃及的侯赛因·A·夏拉夫在《审计理论结构》中提出八项审计公设:

(1) 财务报表和财务数据是可验证的。

(2) 审计人员和被审计单位的管理者之间没有必然的利害冲突。

(3) 送作验证的财务报表和其他信息中不包括串通作弊或其他舞弊行为。

(4) 令人满意的内部控制系统的存在能排除舞弊行为的可能性。

(5) 公认会计原则的一贯应用,产生财务和经营成果的公允表达。

(6) 缺乏确凿的相反证据时,被审计单位过去被认为是真实的东西将仍然是真实的。

(7) 审计人员会尽职尽责地检查财务资料以发表独立的审计意见。

(8) 独立审计师的职业地位赋予其相称的职业责任。

2. 英国审计学家托马斯·李提出的审计公设

1972 年,英国审计学家托马斯·李在其《公司审计:概念与实务》中,提出三类十三条审计公设:

第一类,审计依据公设。

(1) 没有充分理由相信所有的财务报表。

(2) 审计的基本作用是提高财务报表的可信性。

(3) 审计是提高财务报表可信性的最佳手段。

(4).通过审计,会计信息的可信性可以得到提高和验证。

(5) 与企业有利害关系的人对会计信息的可信性持怀疑态度。

第二类,审计行为公设。

(1) 审计师与管理部门之间利益矛盾不妨碍审计的实施。

(2) 法律不限制审计师行为。

(3) 审计师在精神上和地位上是独立的。

（4）审计师具备完成所承担任务的技能。

（5）审计师能够对审计工作和审计意见的质量负责。

第三类,审计功能公设。

（1）审计可以获得充分可靠的审计证据,并以适当的形式在合理的时间和成本范围内进行审计。

（2）内部控制的存在可使会计信息避免重大错误和舞弊。

（3）恰当地选用公认会计原则和基础,并且各期一致地运用,可以使财务报表得到公允的表达。

3. 英国戴维·弗林特教授提出的审计公设

1988 年,英国的戴维·弗林特教授在其《审计理论导论》中,提出七项审计公设:

（1）审计是以受托责任关系存在为首要前提的。

（2）受托责任的内涵太微妙、太复杂、太重要,以致没有审计,该种责任的解除就无法说清楚。

（3）审计的本质特征在于其地位的独立和摆脱调查与报告方面的约束。

（4）审计的对象内容都可以通过证据予以证实。

（5）可以对行为、业绩、成果和信息质量等确认责任标准并进行计量,然后对照标准作出判断。

（6）被审计财务或其他报表资料的含义和目的是充分的、清晰的,审计可以对其可信性作出充分表达。

（7）审计可以产生经济或社会效益。

4. 我国审计学家提出的审计公设

我国已故著名会计、审计学家杨时展教授在 1985 年提出六大审计公设:

（1）会计责任性公设。

（2）会计责任可确定性公设。

（3）审计人员可信任性公设。

（4）内部控制的质与审计工作的量，公认会计准则的采用情况与会计报告的真实公允的相关性公设。

（5）证据的效力差别性公设。

（6）无反证判定公设。

（二）审计独立性

独立性是指审计人员能够公正不阿地进行调查与报告的一种状态。审计人员是否具备独立性，对职业界的发展至关重要。"审计的概念与独立性的概念，如同一枚硬币的正反两面"。独立性是审计的灵魂，如果审计没有独立性，审计意见将失去人们的信任，审计也就没有存在的可能。

独立性分为实质的和形式的两个方面。所谓"实质独立性"主要是指审计人员的一种精神状态，即在工作中不使自己的判断从属于他人，不以个人的偏见杂念左右判断，以公正无私、不带偏见的考察和判断保证审计证据和意见的客观性，从而使审计能够在社会中发挥自己独特的作用。所谓"形式独立性"主要是指审计人员的一种社会形象，就是在第三者眼里，审计人员与委托人或有关当局之间保持一种超然独立地位。由于审计工作的复杂性和技术性，社会难以对审计工作过程进行全面、经常性检查，无法对审计实质独立性进行直接考察和认定，因此，在更多情况下，社会是从审计形式独立性的状况来形成自己的判断的。

目前，审计人员形式上独立与实质上独立的概念，已被纳入现代审计人员职业道德规范之中，成为现代审计人员必须遵守的纪律之一。

（三）审计重要性

由于现代社会经济的日趋复杂，审计人员所面临的会计信息资料亦日益庞大。在成本效益原则限制下，审计人员既没有必要也没有可能去审核所有会计资料。所谓重要性是指一个项目的揭示，将影响到报表使用者决策的正确与否。现代审计是依托内部控制的,采用抽样审计方法。审计人员在较少的审计成本基础上,忽略一些无关紧要的次要事项,抓住主要事项,予以重点审计,这样一来,既可以完成审计目标,又可以节约审计成本,提高审计效率。

审计重要性概念有两个层次:一是质量方面;二是数量方面。有些项目虽然数量较多,但因其性质特殊,亦可以视为不重要;有些项目虽然本身数量相对不大,但由于其性质重要,亦可视为审计重要性。

审计重要性概念已体现在编制审计计划和评价审计结果之中。

(四) 审计风险

审计风险是指审计人员作出的审计结论与被审计事项实际情况相背离的可能性,或审计人员作出错误审计结论的概率。现代审计风险的存在,一是由于审计所处的环境日益复杂,审计所面临的任务日趋艰巨;二是由于审计必须受成本效益原则的限制,不可能对所有事项进行无限期逐一审计。因此,审计风险必然存在。

面对审计风险,审计人员在接受任务前,应详细调查审计风险产生的各种可能性,并采取多种措施尽量避免;在审计实施过程中,审计人员应尽量将审计风险控制在可能接受的范围之中;在审计结束时,审计人员应充分评估风险的存在,并在审计结论中留有余地。

审计风险概念体现在审计计划、审计实施和审计完成的各个阶段之中。

(五) 审计标准

审计标准是在审计过程中审计人员对审计事项进行判断评价的客观依据。离开审计标准,审计人员就无法对审计事项的公允性、遵循性和效益性开展评价。审计标准包括国家的各种法律法规、会计准则与会计制度、单位内部控制制度、生产经营计划、预算、经济合同、业务规范、技术标准、考核达标指标、同行业相关数据等诸多方面。审计标准的核心特点是权威性。审计人员在审计工作中须选用审计标准、评价审计标准和开发审计标准。审计选用标准是否得当,对审计工作质量影响重大,如果选用不当,将会导致审计评价失误,使审计人员风险加大。审计标准的选用要注重眼前利益与长远利益相结合,注重国家利益和单位利益相结合,注重经济效益与社会效益相结合,注重具体问题具体分析。审计标准的评价是对审计标准的合理性进行评价,以确定某项标准是否适合于审计事项。在开展效益审计中,评价标准多种多样,不同的审计标准就会得出不同的审计结论,标准的适当性与合理性显得更为重要。审计标准的开发是审计人员通过周密调查研究建立起来的一套适合审计事项的评价标准,一般应用于没有评价标准、评价标准有缺陷和漏洞、评价标准不合理等情况。

(六) 公允表达

公允表达既是一个会计概念,也是一个重要的审计概念。

会计概念是指财务报表与实际财务状况和经营成果之间的关系状态。公允表达说明财务报表合理地并以公认方法反映了企业的财务状况和经营成果;未能公允表达说明财务报表未能合理地或未能以公认方法反映企业财务状况和经营成果。

审计概念是指会计核算的合理性、会计揭示的充分性和审计判断的正确性。企业的会计核算若能遵循公认会计原则,则可认为财务报表公允反映了企业财务状况和经营成果;会计揭示的充分性是指财务报表所报告的范围是否符合公认会计原则和其他法律规范,不仅包括列示余额的范围,还包括许多附加注释和非财务资料;审计人员只有在运用自己的判断确定企业会计人员编制的财务报表确实公允地反映了企业财务状况和经营成果时,他才能在审计报告中使用"公允表达"的字眼来表达审计意见。

但是,由于公认会计原则的不完整性,当找不到赖以判断的原则或公认的惯例时,审计人员要判断企业会计公允反映的特征。

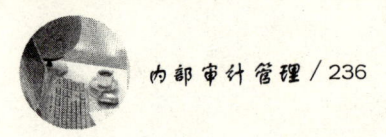

由于公认会计原则不具有绝对权威,当会计人员之间出现意见分歧,不同会计人员选择不同会计方法时,审计人员要判断哪种方法更能体现公允反映。

由于会计原则不具备绝对适用性,当出现特殊情况,会计人员背离公认会计原则时,审计人员要判断背离原因的合理性。

由于公认会计原则承认会计估计,审计人员要判断估计的合理性。

审计人员的责任不仅在于判断企业财务报表是否公允反映企业财务状况和经营成果,而且还在于自己的审计报告是否公允地表达审计的性质、范围和意见,防止审计报告的使用者产生误解。因此,审计报告应客观真实地反映审计过程与审计判断;审计报告的格式与措词要规范、专业,符合公认审计准则;审计意见的表达要直截了当,避免含糊其辞。

公允表达概念主要体现在审计目标和审计报告之中。

(七)职业谨慎

社会公众是审计的唯一委托人。由于社会公众不能将查找舞弊和差错的责任全部强加于审计人员,但又不能免去审计人员的全部责任,职业界就产生了"职业谨慎"概念。

职业谨慎是审计人员在执行审计工作中应有的职业关注。它意味着审计人员应当勤勉、小心谨慎地履行自己的职责,包括:保持忠诚老实和公正;拥有与其提供的服务相适应的技能;小心谨慎地运用其技能;对各种不同情况下所需履行的关注作出说明。职业谨慎的运用主要考虑防止审计程序的误用,正确识别舞弊与差错,关注内部控制完整与严密,注意审计证据的充分性、工作底稿的完整性和审计报告的适当性。

职业谨慎是一种精神状态,体现在具体的审计工作中:在实施审计之前,应充分调查了解被审计单位的各种信息资料,制订充分详尽的审计计划;对内部控制作评价测试,充分估计控制风险可能对他人造成的损害;审计人员要勇于承认自己的知识、能力和经验缺陷,并采取适当的预防或应付措施;审计人员应该对其助手的工作进行适当的监督检查;审计人员应采取一切可能的措施来消除自己对某些被审计事项所产生的怀疑,不可忽略或姑息迁就;审计的样本规模或证据数量应达到职业界公认水平,遵循数理统计的要求。

职业谨慎概念已广泛运用于审计职业道德准则和审计具体准则之中。

(八) 审计判断

早期的审计采用详细审计的方式,审计判断并不突出。随着社会对审计需求的增加和出于提高审计效率的考虑,审计人员开始采用抽查的方式,而后又采用制度基础审计,直到现在的风险基础审计。这些方法无疑提高了审计效率,但同时需要审计人员更多的职业判断。

审计判断是审计人员根据其专业知识和经验,通过识别和比较对会计行为和审计行为所作出的断定。会计行为的判断,是指由于会计业务本身存在判断导致的审计人员的职业判断,是审计人员对会计人员判断的再判断。这包括会计原则的选择判断、会计方法的选择判断、会计估计的选择判断等。审计行为判断,是指审计人员自身审计行为的判断,包括道德性行为判断、技术性行为判断、审计程序的选择判断和审计方法的选择判断等。

在具体的审计工作中,审计判断主要体现在:在审计准备阶段,审计对象的取舍选择、控制风险的判断、重要性水平的判断、审计策略与方法的选择判断;在审计实施过程中,审计证据的真伪判断和审计证据的数量判断;在审计完成阶段,主要是审计结论与意见的判断。

审计判断遍布审计的每一个方面,从审计计划的制定到审计意见的形成,无一不是判断的结果。审计判断已经成为影响审计质量和审计结论的主要的、关键的因素。审计实质上是一个连续的判断过程。

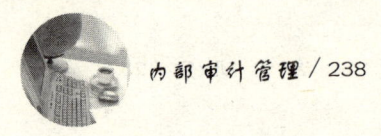

（九）职业怀疑

职业怀疑是指审计人员以质疑的态度，对所获取审计证据的真实性、有效性作批判性的评价，并对相互矛盾的审计证据以及导致对文件或管理当局声明的可靠性产生怀疑的审计证据保持警惕。不会职业怀疑，几乎就等于不会审计。职业怀疑需要审计人员有职业责任感、道德素养、职业谨慎、执业经验、判断能力、敏锐眼光等，并体现在全过程的具体专业行为之中。现代审计是为了消除会计报告的重大错误，增强会计报告的可信性。为达到此目标，审计人员应当假定会计报告整体是不可信的，从而引进全方位的职业怀疑态度，"跟随谎言去追寻真相"，在审计过程中，把质疑一一排除。

四、审计理论要素分析

我国著名高等教育学家、厦门大学潘懋元教授认为，一个独立学科应符合三个基本前提：一是具有特定的独立研究对象和领域；二是具有完整的理论体系；三是具有独立完整的方法体系。审计学具备吗？审计学有自己独立的理论吗？

1983年商务印书馆出版的《现代汉语词典》认为：理论是人们由实践概括出来的关于自然界和社会的知识的有系统的结论。（第694页）

一般认为，理论是一套前后一贯的假设性、概念性和实用性的原则的整体，构成了对所要探索领域的可供参考的一般框架。

笔者认为：审计理论是对审计目标、审计公设、审计概念、审计原则、审计准则、审计程序、审计方法、审计文化等八大要素以及它们对审计实务的指导关系所作的系统说明。

审计理论的主要目标：一是解释现存的审计实务，并为观察到的审计实务提供理由。审计理论阐明了为什么审计行动是这样的，为什么不采取其他方法，或者解释可以使用其他方法的理由。二是预测、指导未来的审计实务，即审计理论应当能够预测未观察到的审计现象。

（一）审计目标

理论研究首先要有逻辑起点。所谓逻辑起点，是构建一门学科理论体系的出发点，是该学科理论体系中最基本、最抽象的一个概念范畴。逻辑起点是理论研究的导向、实践探索的起点，并对整个理论体系的构建具有决定作用。

审计理论的逻辑起点是审计目标。那么什么是审计目标呢？

审计目标是在一定的社会经济条件下，为满足社会需求，在一定审计能力前提下，运用特定审计程序与方法所达到的理想状态。所谓理想状态就是社会需求与审计能力的平衡点。审计因受托责任的产生而产生，因其发展而发展，故审计的终极目标是调查和评价受托责任完成情况。审计分为财务审计与管理审计，财务审计的目标是公允性与遵循性，管理审计的目标是遵循性与效益性。总括来讲，审计的总目标就是公允性、遵循性与效益性，其中效益性包括经济性、效率性、效果性、环保性与公平性。审计目标具有阶段性与层次性，不同历史发展阶段、不同层次管理需求以及不同审计的能力对审计目标的确定也各不相同。审计目标是审计行动的出发点与归属点，是审计活动的行动指南；审计目标是审计理论体系研究的逻辑起点，不同审计目标，形成不同的审计概念、原则、准则、程序、方法和报告，从而产生不同的审计理论体系。

（二）审计公设

任何事物只有从一些无须证明的公设开始，才能进行一系列判断和推理，并演绎出相应结论。审计公设也不例外，审计公设本身是运用归纳法在审计实践中总结出来的，同时又是运用演绎法进行审计推理的前提。审计公设是联系审计目标与审计概念、审计原则、审计准则、审计方法等诸多理论命题的必经咽喉要道，审计公设为正确作出有用推论提供了基础，接受了审计公设才能推导出审计的重要概念、原则、准则和方法。审计公设应该充分体现审计与环境之间最稳定的联系，

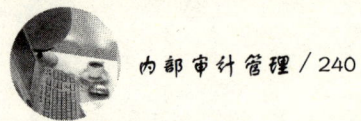

体现审计最一般的稳定特征；审计公设的数目应该尽量少，而且公设之间应该相互独立，相互之间互不包容、互不交叉、互不矛盾。审计公设是明确审计概念和制定审计准则的逻辑前提，笔者认为，审计的公设有四个：

（1）受托责任公设：说明了审计产生的前提，推出审计标准。

（2）审计人员可信任公设：推出独立、客观、公正、执业能力和保密。

（3）职业怀疑公设：推出职业谨慎。

（4）证据效力的差别性公设：推出审计证据、职业判断、审计风险。

（三）审计概念

概念是反映对象的本质属性的思维形式，是人们在实践中从对象的许多属性中，撇开非本质的属性，抽出本质属性概括而成的，是人们感性认识上升到理性认识的结果，是人们对事物本质的认识。审计概念就是从审计实践中抽象出来、用特定词语或术语表达对审计活动本质认识的思维形式。审计概念是构建审计理论体系的基石，是指导审计准则制定的路标，是审计实践的灯塔。笔者认为，审计概念包括审计公设、审计独立性、审计重要性、审计标准、审计风险、公允表达、职业谨慎、审计判断和职业怀疑九个基本概念。

（四）审计原则

原则是观察问题和处理问题的准绳。审计原则是审计工作中客观存在的具有普遍性规律的反映，是以审计公设为基本依据，贯穿于整个审计工作全程的必须遵循的基本方向，是审计工作的基本指导思想，审计原则是制定审计准则的重要依据。

笔者认为，审计原则有五项：

（1）独立性原则：形式独立与实质独立。

（2）客观性原则：以客观事实为依据，以相应审计标准进行评价。

（3）公正性原则：不偏不倚、不被别人思想所左右、不带个人感情色彩。

（4）证据性原则：表达审计意见必须有充分、相关的证据。

（5）保密性原则：被审计事项对外保守机密。

（五）审计准则

审计准则是审计工作的具体指导规范，是审计人员执行审计任务的行为规范，是审计机构工作质量的保证。客观公正是审计准则的核心思想，审计准则必须体现审计原则的精神实质。审计准则通过专门机构认可或颁布，具有权威性和强制性。审计准则通常包括一般准则和具体应用准则，内容涉及审计机构设置要求、审计人员素质与能力要求、审计工作要求和审计报告要求。政府审计准则、民间审计准则和内部审计准则因各自审计业务特点不同，审计准则的结构与内容也千差万别、各有千秋。

审计准则最初的产生，是为了解决委托人与被委托人之间对审计结论的不同认识而引起的争议，审计准则可以督促审计人员依法办事、谨慎工作，维护审计权威性。审计准则有利于赢得社会公众的信任，有利于提高审计工作执业水平，有利于维护审计人员合法权益。审计准则是实现审计目标的技术要求和措施，它以审计公设为前提制定，同时又是制定审计程序的依据。

（六）审计程序

审计程序是从开始到结束的审计工作步骤和先后顺序，是审计人员为了完成审计目标而实施的基本流程，是审计内容与审计方法的有机结合。审计程序恰当与否直接关系到审计结论的正确性，审计程序需要规范化和标准化，才能提高审计工作质量。如果审计人员在审计过程中忽略了必要的审计步骤，由此导致遗漏重要审计证据，审计结论就不可靠、不充分；如果审计人员在执行审计过程中执行了不必要的步骤，实际上是一种资源浪费，影响审计工作效率。政府审计的程序一般

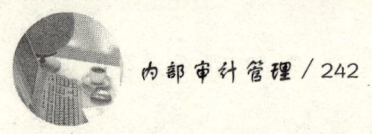

分为计划阶段、实施阶段、报告阶段和处理处罚四个阶段；民间审计程序一般包括审计准备、审计实施、审计完成三个阶段；内部审计一般包括审计计划、审计实施、审计报告、后续审计和成果运用五个阶段；每个阶段都有各自不同的具体内容和方法。审计准则是制定符合审计环境的审计程序的基本要求和依据，审计程序是审计准则的质量要求在各个业务环节中的具体体现。

（七）审计方法

审计的目标是通过调查与评价受托责任完成情况，加强控制与管理，进而实现组织与社会价值增值，如何通过审计防范风险、消除舞弊、实现价值增加，这是一个方法问题。目的是过河，方法就是搭桥或备船，不解决桥或船的问题，过河就是一句空话。审计方法包括审计技术方法和审计管理方法。

1. 审计技术方法

传统审计技术方法往往认为就是审计取证方法，包括检查、监盘、询问、查询、函证、计算、分析性复核等方法。其实这是片面的，随着审计免疫系统理论的提出和绩效审计的全面推行，传统审计技术方法的实践显得力不从心。只有审计技术方法体系整合力量的发挥，才能真正实现免疫作用，才能开展好绩效审计。审计技术方法是一个体系，包括审计思维方法、审计取证方法、审计调查方法、判断推理方法、审计分析方法、审计评价方法、审计写作方法、审计沟通方法、制度建设方法和审计心理博弈十大方法。审计技术方法是审计人员在审计过程中的具体运用。

2. 审计管理方法

审计管理方法是审计组织对审计活动进行的计划、组织、指挥、协调和控制的活动。审计管理的主体是政府审计机关、社会审计组织和内部审计机构，管理的客体是审计业务活动，管理的目的是为了保证审计质量和提高工作效率。审计管理方法包括审计计划管理方法、审计人事管理方法、审计质量管理方法和审计信息管理方法。

（八）审计文化

《易经》说："文明以止，人文也。观乎天文，以察时变；观乎人文，以化成天下。"文化的基本含义是文治教化。文化是铭刻于人们的内心的，是慢慢形成的。文化是一种沟通体系，它把人类的生物和技术行为完美地融合到语言和非语言体系中，从而使人类得以生存和发展。文化通常包括信仰、价值观、语言、行为以及生活方式等方方面面。文化建立了一套行为模式和执行标准，以及人与人之间和人与环境之间关系的处理方式，从而减少许多不确定性，提高社会成员对事物发展的可预测性。文化是一种介质，它可以将个人想法变成公开的观点，从而让社会中的其他成员去理解，同时文化使每一个新生代能在代与代之间的隔离中架起稳固延续的桥梁。

审计文化，应该是以审计人为出发点，以审计人为中心的管理方式，是每一个审计人的共同信仰和共有价值观。审计文化包括物质文化、行为文化、制度文化和精神文化。

1. 物质文化

物质文化是指审计人员工作的环境、办公条件和生活环境，以及各种审计报告和审计公告等方面。物质文化是最表层的审计文化，是精神文化、制度文化和行为文化的外在表现。它一方面受到精神文化、制度文化和行为文化的制约，具有从属性；另一方面又是社会和人们感受审计文化存在的外在形式，具有形象性和生动性。

2. 行为文化

行为文化是指审计人员在审计过程中的活动文化，是以审计人的具体行为形态为存在形式的，行为文化是浅表层的审计文化，它一方面不断向审计人的意识转化，影响审计精神文化的生成；另一方面又不断向审计人的物质文化活动转化，最终物化为审计物质文化。审计职业判断能力、职业怀疑能力、想象能力、取证能力等都是审计行为文化的具体体现。

3. 制度文化

制度文化是指审计组织为了达到特定目的所制定的行为规范，是人为制定的程序化、标准化的行为模式和运行方式,带有鲜明的强制性,具有基础性作用。审计法,注册会计师法,内部审计工作规定,各种审计准则,以及国家审计机关、社会审计组织和内部审计机构的各种工作制度、责任制度、行为规范制度、考评办法、质量管理制度等,都是制度文化的具体体现。

4. 精神文化

精神文化是一种最深层次的文化,处于审计文化系统的核心,它既是其他文化层次的结晶和升华,又是其他文化层次的支撑。文化的核心是价值观,价值观是形成制度的直接依据。审计人员的价值观、审计职业道德等都是重要内容。具体表现为独立、客观、公正;坚持原则、依法审计;严谨细致、开拓创新等方面。

审计理论结构各组成要素之间的关系,如图 16-1 所示。

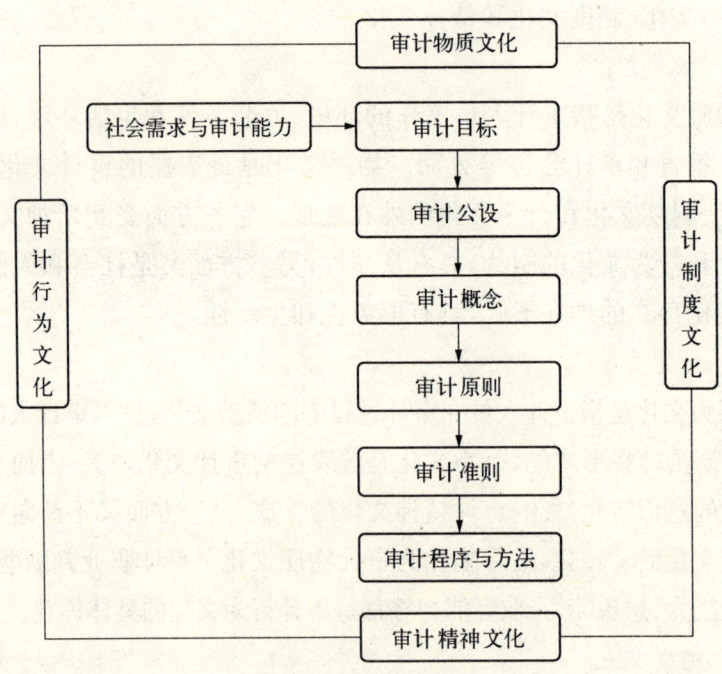

图 16-1 审计理论结构

五、审计实务要素

审计实务要素包括审计目标、审计计划、审计流程、审计方法、审计证据、审计工作底稿、审计报告、成果采纳与法律责任等方面,相互关系如图 16-2 所示。

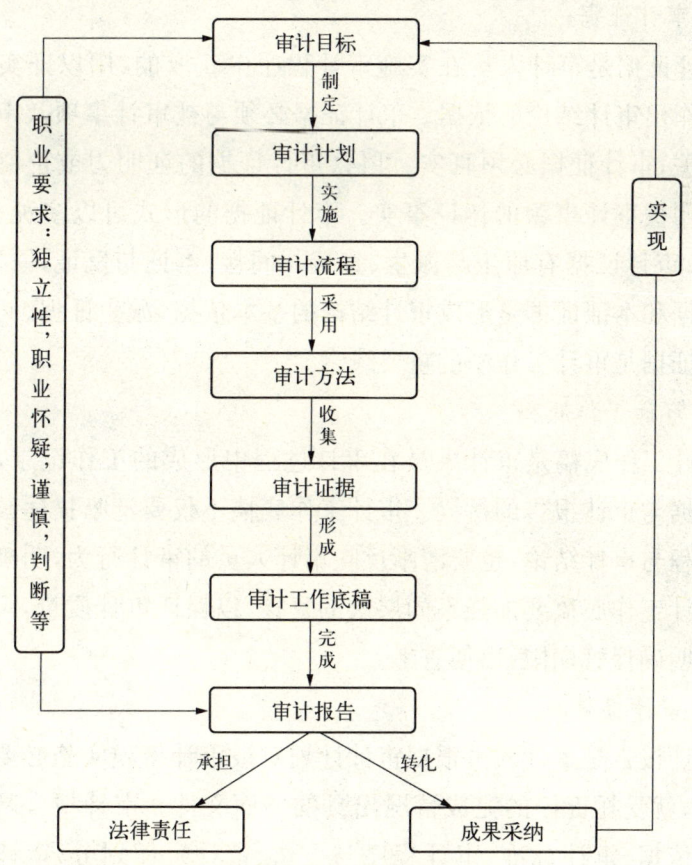

图 16-2　审计实务要素

以下就审计实务工作中涉及的几项要素,进行阐述。

1. 审计计划

审计计划是审计人员为实现审计目标,对特定时期的审计工作进行的具体安排。审计计划的制定需要考虑审计需求与审计资源的平衡，审计需求包括高层管理目标、法律要求以及被审计单位要求；审计资源包括人力资源、审计时间、审计技术装备、审计经费等方面。审计计划具有层次性，一般有年度审计计划、项目审计计划与审计方案。审计计划要素一般有审计目标、审计范围、相关风险评估、审计资源分配、审计项目顺序安排、计划调整、后续审计安排等。

2. 审计证据

审计证据是审计人员在实施审计程序中获取的、用以证实被审计事项并作出审计结论的依据。审计证据必须与被审计事项及审计目标高度相关；审计证据必须真实、可信；审计证据的证明力或价值必须是足以证明被审计事项的待证事实。审计证据的形式可以多种多样，不拘一格；审计证据有原生与派生、直接与间接、本证与反证，原生证据、直接证据和本证证据是形成审计结论的基本依据，派生证据、间接证据和反证证据是审计工作中的重要线索。

3. 审计工作底稿

审计工作底稿是审计人员在审计过程中形成的工作记录，是联系审计证据与审计报告的桥梁。审计工作底稿不仅要清晰描述被审计事项的过程与审计结论，也要清晰反映审计人员的审计行为，明确审计责任。审计工作底稿要加强不同层次的复核，以保证审计质量，审计工作底稿应明确保管期限，以便查考。

4. 审计报告

审计报告是审计人员根据审计计划对被审计事项实施必要的审计程序后，就受托责任的完成情况出具的书面文件。审计报告基本要素有审计依据、审计标准、审计程序与方法、审计责任划分、审计基本结论、审计建议等。审计报告具有鉴证、证明与建设作用。为保证审计质量，审计报告应实行多层次复核制度。

5. 法律责任

法律责任是指审计报告因违约、过失或欺诈，审计组织与审计人员必须承担的行政责任、民事责任或刑事责任。

6. 成果采纳

成果采纳是指审计报告的相关结论与建议,应力求得到相关部门的采纳与积极改进,以实现审计防范错误、提高效益之目的,否则,审计工作前功尽弃、毫无意义。

审计人员在计划阶段要加强审计需求调查,在审计取证中要遵守职业谨慎原则,在审计工作底稿和审计报告编制中要注重多层次复核,在各个阶段保证审计质量,从而降低审计风险,减少法律责任,提高审计建议的采纳概率和审计作用的发挥。

 主要参考文献

[1] 刘明辉.高级审计理论与实务[M].大连:东北财经大学出版社,2006.
[2] 陈汉文.审计[M].2版.厦门:厦门大学出版社,2006.

特 别 致 谢

《内部审计管理》一书在调研和撰著过程中得到以下单位（排名不分先后）的大力支持，在此特别致谢：

浙江省审计厅、浙江省审计科研所、浙江省审计学会、浙江省内部审计协会、绍兴市内部审计协会、嘉兴市内部审计协会、舟山市内部审计协会、台州市内部审计协会、温州市内部审计协会、宁波市内部审计协会、丽水市内部审计协会、衢州市内部审计协会、湖州市内部审计协会、金华市内部审计协会。

此外，绍兴县审计局、新昌县审计局、德清县审计局、诸暨市审计局、嵊州市审计局、湖州市吴兴区审计局、上虞市审计局、余姚市审计局、安吉县审计局，以及浙江万马集团有限公司、浙江广厦集团审计监察总部、浙江万丰奥特控股集团审计管理部、浙江省农村信用社联合社审计部、浙江卧龙控股集团有限公司审计部、浙江海亮股份有限公司审计部、浙江精工钢构股份有限公司审计部、温州发电有限责任公司、浙江信林担保有限公司、嘉兴市农村信用社联合社稽核部、新昌农村合作银行审计部、绍兴越城区农村集体经济审计指导站、嵊州市农经管理总站、德清县农经管理总站、诸暨市山下湖镇人民政府、绍兴县夏履镇人民政府、德清县洛舍镇人民政府、德清县新市镇人民政府、慈溪市坎墩街道财政所等单位和部门,给予了大力支持,在此一并致谢!

特别感谢时现教授对我学习研究的指点、启发与恩惠,并在百忙之中给本书作序。

浙江工商大学　王宝庆

2011 年 8 月于杭州西子湖畔

电子信箱:hsywbq@126.com